■ 河南省本科高校新工科新形态教材
■ 国家级一流本科课程配套教材

分析化学实验指导

杨妍　张叶臻　李鑫　主编

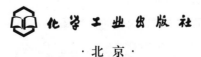

化学工业出版社

·北京·

内 容 简 介

本书内容主要包括分析化学实验基础知识和基本操作。全书共六章：分析化学实验基础知识、化学分析实验、仪器分析实验、水质分析实验、综合实训实验和创新设计实验。本书作为河南省本科高校新工科新形态教材和南阳师范学院校本教材立项项目，将实践与理论结合，突出教材的应用性，注重实验的代表性和实用性，通过实验的学习和操作可以培养学生严谨的科学态度、良好的实践能力和创新能力。

本书可作为教材供高等学校的化学、化工、制药、材料、环境、水质、食品等专业及相关专业的师生使用，也可以供化学实验室的工作人员参考。

图书在版编目（CIP）数据

分析化学实验指导 / 杨妍，张叶臻，李鑫主编.
北京 : 化学工业出版社，2025. 6. --（河南省本科高校
新工科新形态教材）（国家级一流本科课程配套教材）.
ISBN 978-7-122-48392-8

Ⅰ. O652.1

中国国家版本馆 CIP 数据核字第 2025DB3969 号

责任编辑：李 琰 宋林青 文字编辑：燕学伟
责任校对：李 爽 装帧设计：韩 飞

出版发行：化学工业出版社
　　　　　（北京市东城区青年湖南街 13 号　邮政编码 100011）
印　　装：三河市双峰印刷装订有限公司
787mm×1092mm　1/16　印张 13¹/₂　字数 316 千字
2025 年 9 月北京第 1 版第 1 次印刷

购书咨询：010-64518888　　售后服务：010-64518899
网　　址：http://www.cip.com.cn
凡购买本书，如有缺损质量问题，本社销售中心负责调换。

定　　价：35.00 元　　　　　　　版权所有　违者必究

《分析化学实验指导》
编写人员

主　编　杨　妍　张叶臻　李　鑫

副主编　包　磊　师书魁　熊　燕

其他编写人员

孟召辉　邢小静　丁呈华

张廉奉　陈新峰　郭永明

杨成敏　姚　楠　张　君

前　言

分析化学是人们获得物质组成和结构信息的科学，是化学学科的一个重要分支。通过分析化学实验的教学和实践，对学生进行分析实验技能的严格训练，加深对分析化学及相关专业课程基本理论的理解，培养学生运用理论知识解决实际问题的能力。

《分析化学实验指导》根据当前的教学要求，结合课程组多年的教学实践，并借鉴兄弟院校化学实验教学改革的经验，涵盖化学分析实验和仪器分析实验这两大基础实验内容，以培养学生实践能力、创新能力为出发点，立足于南水北调中线水源地环境保护的地域特色，加入水质分析实验、综合实训实验和创新设计实验，着力于提升学生知识迁移能力和创新能力，形成"教-学-研-践-创"一体的实验能力培养体系。

（1）教　教理论教方法。教材的第一章为分析化学实验基础知识，主要介绍分析化学实验的基本要求、基本操作、注意事项等基础知识。该部分着重培养学生严谨细致的科学态度和实事求是的工作精神。

（2）学　学操作学技巧。教材的第二章和第三章分别为化学分析实验和仪器分析实验，该部分内容属于验证性实验，与理论课程同步进行。该部分着重培养学生的动手操作能力以及团队合作能力。

（3）研　研数据研结论。在第二章和第三章的每个实验后设计数据处理表格和相对应的思考题，学生不再仅仅机械地重复实验操作，而是在实验过程中，学会边做边思、学研结合。该部分着重培养学生独立思考、分析问题及解决问题的能力。

（4）践　践实际践应用。教材的第四章和第五章为水质分析实验和综合实训实验，包含水质的分析、监测、处理以及生活中日常用品的检验等内容。该部分与本地区域特色和企业实际相结合，着重培养学生实际应用能力，同时增强学生专业责任感和使命感。

（5）创　创思维创设计。本教材的第六章为创新设计实验，属于开放设计类实验，设置不同类型、不同知识结构的实验课题。在课外科技实践中，以学生创新为主，老师引导为辅。该部分着重培养学生的创新思维及创新能力。

本教材是在多年教学改革中形成的，是南阳师范学院化学与制药工程学院分析化学课程组全体教师长期教学经验的积累，并在历届教学实践中逐步完善。本书由杨妍、张叶臻和李鑫主编。南阳师范学院的包磊、师书魁、熊燕、孟召辉、邢小静、丁呈华、张廉奉、陈新峰，南京信息工程大学的郭永明和河南省安泰检测科技有限公司的杨成敏、姚楠、张君为本书的编写提供了宝贵的意见和帮助。全书由杨妍统稿并定稿。

本教材在编写过程中，得到以下项目的资助：2023 年河南省本科高校新工科新形态教材项目（教高办〔2023〕395 号）、2023 年南阳师范学院校本教材、2023 年第二批国家级一流本科课程——分析化学（证书编号：2023241177）、河南省高等教育教学改革研究与实践项目（2024SJGLX0426，2024SJGLX0027，2021SJGLX486）和 2024 年"河南省师范教育质量提升行动计划"示范性项目（卓越中学化学教师培养的探索与实践），在此深表感谢。本教材在编写的过程中引用了一些文献，谨向作者表示诚挚的感谢。

限于编者水平有限，疏漏和不妥之处在所难免，诚恳希望广大读者批评指正。

编　者

2025 年 03 月

目 录

第四章　水质分析实验　　⚫127

第五章　综合实训实验　　⚫147

第一章 分析化学实验基础知识

第一节 分析化学实验的基本要求

一、分析化学实验的教学目的

分析测试工作要求操作者具备扎实的分析化学实验基本知识与操作技巧，分析化学实验是化学及化学相关专业的一门重要的基础课，是以实验操作为主的技能性课程，它不但与分析化学理论教学紧密结合，相辅相成，而且又是一门独立的课程，在分析化学学习过程中占有重要的地位。这就要求学生通过分析化学实验的学习实现以下目标。

（1）充分运用所学分析化学理论知识指导实验，提高实验能力；

（2）正确、熟练地掌握分析实验的基本操作技术，学习和掌握典型的分析方法；

（3）确立"量"的概念，了解并掌握影响分析结果的关键环节，学会正确、合理地选择实验条件和实验仪器，以保证实验结果的可靠性；

（4）通过自拟方案实验，训练和考查独立分析、解决问题的能力；

（5）培养严谨的科学态度，实事求是、一丝不苟的科学作风。

二、分析化学实验学习方法

学习和掌握好分析化学实验技能，不但要学习目的明确、学习态度端正，还要有正确的学习方法。以下是分析化学实验学习过程中的具体要求：

1. 实验前应充分预习

为了获得良好的实验效果，实验前必须充分预习，通过仔细钻研理论教材、实验教材和参考资料，明确实验目的，理解实验原理，清楚实验的操作步骤和注意事项，将要做的实验内容条理化，设计好数据记录表格，合理安排实验，并准备专门的笔记本书写简明扼要的预习报告（对于综合性和设计性的实验，需写出实验设计方案）。

2. 实验中应掌握技能技巧

在教师指导下独立进行实验是实验课程的主要教学环节，是训练学生掌握实验技术、完成化学实验的重要手段。验证性实验原则上应根据实验教材中的实验方法和步骤，使用要求的试剂进行操作。综合性和设计性的实验应与指导教师讨论、修改和确定可行方案后进行实验。实验时要求做到以下几点：

（1）清洁整齐，有条不紊，注意节约试剂、水、电，爱护仪器。

（2）严格操作、细心观察，如实而准确地记录实验现象和实验数据。

（3）深入思考，尊重实验事实，如果发现实验现象和理论不相符，应认真分析和检查原因，如有疑问可以及时询问实验指导教师。

（4）实验过程应保持安静，严格遵守实验室规则。

3. 实验后应做好结束工作

（1）及时清洗实验仪器，放好实验药品，按要求处理实验室废弃物质，打扫实验台面。

（2）值日生打扫实验室卫生，关好实验室的煤气、水、电源和窗户，经老师允许后方可离开实验室。

（3）及时送交实验报告。

4. 实验数据记录与处理

（1）记录数据时，要注意有效数字位数的保留。

（2）尊重客观事实，不能随意涂改和拼凑数据。

（3）定量分析实验要平行测定三次，求出平均值和相对平均偏差。

5. 独立完成实验报告

课堂实验操作只是完成实验的一部分，更为重要的工作是分析实验现象、整理实验数据和书写实验报告。实验报告是对每次实验的真实记录、概括和总结，是对学生综合素质及能力的一种考核。实验报告要求做到内容真实、文字工整、图表清晰和形式规范，必须包括以下内容：

（1）实验名称。

（2）实验目的。

（3）实验基本原理。

（4）实验内容和步骤（不能照抄教材，要有自己的理解）。

（5）实验数据记录和处理（实验数据采用表格的形式，分析数据要以相应的计算公式为依据，计算结果要正确，并真实可信）。

（6）注意事项。

（7）思考题。

三、分析化学实验成绩的评定

实验成绩的评定通常包括预习报告情况、课堂实验操作技能、实验数据的记录和实验结果的处理（准确度、精密度和有效数字的表达）、实验过程和结果的讨论分析、实验报告的撰写质量等。

第二节 分析化学实验的基础知识

一、分析实验室用水

纯水是分析化学实验中最常用的纯净溶剂和洗涤剂。根据分析任务和要求的不同，对水的纯度要求也不同。一般的分析工作采用蒸馏水或去离子水即可。分析实验室用水分为三级，一级水主要用于有严格要求的分析实验，二级水用于无机痕量分析实验，三级水用于一般分析实验。电导率是纯水质量的综合指标，一、二、三级水的电导率分别小于或等于 0.01mS/m、0.10mS/m、0.50mS/m。制备纯水常用以下四种方法。

1. 蒸馏法

采用加热汽化，水蒸气冷凝即得蒸馏水。此法特点是能有效除去非挥发性杂质，不能除去易溶于水的气体。

2. 离子交换法

采用离子交换树脂分离水中杂质的方法，即得去离子水。目前多采用阴阳离子交换树脂混合床来制备。特点是制备水的量大、成本低、去离子能力强，但是不能除去水中非离子型杂质，而且尚有微量树脂溶在水中，设备比较复杂。

3. 电渗析法

电渗析法是在离子交换技术的基础上发展起来的一种方法。它是在外电场的作用下，利用阴、阳离子交换膜对溶液中的离子选择性通过，使杂质离子从水中分离出来，从而达到净化水的目的。此方法除去杂质的效率低，得到的水质量较差，适用于一些要求不高的分析工作。

4. 反渗析法

反渗析法是利用反渗透原理，对原水施加高于渗透压的压力，使水透过反渗透膜而与水中杂质分离，从而获得纯水。特点是高效去除杂质（水中的离子、胶体、微生物和有机物等），所得水质好，但是设备复杂，使用成本较高，制水效率较低。

二、玻璃器皿的洗涤

分析化学实验室经常使用玻璃容器和瓷器，用不干净的容器进行实验时，往往由于污物和杂质的存在而得不到准确的结果，所以分析实验使用仪器应该保证干净。

1. 洗涤要求

分析实验中使用的普通玻璃器皿（烧杯、锥形瓶、量筒等）应洁净、透明，其内壁能被水均匀地润湿且不挂水珠。

2. 洗涤方法

（1）一般洗涤程序：自来水洗—毛刷刷洗—（去污粉洗）—自来水洗—实验用纯水淋洗 2～3 次。

（2）滴定管、移液管和吸量管等具有精密刻度的玻璃器皿，不宜用刷子刷洗，可以用合成洗涤剂涮洗，必要时可用铬酸洗液洗涤，再用自来水和实验用纯水洗干净。

（3）比色皿这一类特殊玻璃仪器，易被有色物质污染，可用热的合成洗涤剂或者盐酸-乙醇混合液浸泡，再用自来水和实验用纯水洗干净。

（4）在洗涤过程中，要注意节约用水，遵循少量多次的原则，每次用水量约为仪器总容量的 10%～20%。一般用去污粉、洗衣粉、洗洁精就可以洗干净，特殊情况采用洗液清洗。

3. 常用洗液

（1）铬酸洗涤液　铬有致癌作用，因此配制和使用洗液时要极为小心，常用两种配制方法。

方法 1：取 100mL 工业浓硫酸置于烧杯内，小心加热，然后慢慢加入 5g 重铬酸钾粉末，边加边搅拌，待全部溶解并缓慢冷却后，贮存在磨口玻璃塞的细口瓶内。

方法 2：称取 5g 重铬酸钾粉末，置于 250mL 烧杯中，加 5mL 水使其溶解，然后慢慢加入 100mL 浓硫酸，溶液温度将达 80℃，待其冷却后贮存于磨口玻璃瓶内。

铬酸洗液具有强氧化性和强酸性，去除有机物特别有效，可以反复多次使用。当溶液颜色变成绿色时，表明洗液已经不具有强氧化性，不能再继续使用。需要注意的是铬酸洗液具有强烈的腐蚀性，使用时要小心，避免溅到身上和衣服上，六价铬的毒性较大，应尽量减少使用该溶液。

（2）酸性高锰酸钾洗涤液　取 4g $KMnO_4$ 溶于少量水中，慢慢加入 100mL 100g/L 的 NaOH 溶液搅拌均匀即可。常用于洗涤油污和有机物质。

（3）酸性草酸和盐酸羟胺洗涤液　取 10g 草酸或者 1g 盐酸羟胺溶于 100mL 1∶1 的 HCl 溶液即可。前者较为经济，适用于洗涤氧化性物质。

（4）盐酸-乙醇溶液　化学纯盐酸和乙醇按 1∶2 的体积比混合即可。适用于洗涤被有色物污染的比色皿、表面皿和吸量管等。

三、常用化学试剂

1. 化学试剂分类和规格

化学试剂的纯度会影响分析化学结果的准确度，不同的分析任务、分析方法以及试剂的不同用途，对化学试剂纯度的要求也不相同。

（1）一般试剂　指实验室常用的试剂，根据化学试剂的纯度，按其杂质含量的多少，我国将化学试剂的等级分为四级。

一级品为优级纯，通常用 GR 表示，标签颜色为绿色，用于精密定量分析。

二级品为分析纯，通常用 AR 表示，标签颜色为红色，用于定量分析和科研。

三级品为化学纯，通常用 CP 表示，标签颜色为蓝色，用于定性分析和一般化学实验。

四级品包括实验试剂和生物试剂。其中实验试剂通常用 LR 表示，标签颜色为棕色，用于一般化学实验；生化试剂通常用 BR 表示，标签颜色为黄色，用于生物化学和医学化学实验。

（2）基准试剂　主体含量高、杂质少、稳定性好、化学组成恒定，用来衡定其他化学物质的含量，可用于标定标准溶液。

（3）高纯试剂　为专门的目的而采用特殊的方法生产的纯度最高的试剂，杂质含量极低，其主体含量一般与优级纯试剂相当，而且规定检测的杂质项目比优级纯和基准试剂多1～2倍。主要用于微量和痕量分析，可明显降低试剂的空白值。

（4）专用试剂　具有专门用途的试剂。如色谱分析标准试剂、紫外和红外光谱纯试剂等。

2. 试剂的存放和使用

（1）化学试剂的选择　化学分析实验一般选用分析纯，仪器分析实验一般使用优级纯、分析纯或者专用试剂。实验对主体含量要求高，要选用分析纯；对杂质含量要求比较高，则要选用优级纯和专用试剂。

（2）化学试剂的存放　根据化学试剂的性质，按照安全操作规程和安全管理规程使用和存放。氧化剂和还原剂应避光保存，易挥发的要低温保存，易燃易爆的要置于避光、阴凉处保存，剧毒物质要专人专柜保存。所有试剂要贴上标签完好保存。

（3）化学试剂的取用　务必做到三不：不用手接触，不可直接闻气味，不可品尝。

固体粉试剂可用洁净的牛角勺取用。液体试剂常用量筒量取。

为了保证试剂不受污染和不变质，以获得准确的实验结果，取用试剂时应遵守以下规则：

① 试剂不能与手接触。

② 要用洁净的药匙、量筒或滴管取用试剂，绝对不准用同一种工具同时连续取用多种试剂。取完一种试剂后，应将工具洗净（药匙要擦干）后，方可取用另一种试剂。

③ 试剂取用后一定要将瓶塞盖紧，不可放错瓶盖和滴管，绝不允许张冠李戴，用完后将瓶放回原处。

④ 已取出的试剂不能再放回原试剂瓶内。

四、标准溶液及配制方法

标准溶液是具有准确浓度的溶液，用于滴定待测试样。用来直接配制标准溶液或标定溶液浓度的物质称为基准物质。

1. 基准物质

作为基准物质应符合下列要求（组成恒定，性质稳定，摩尔质量大，纯度高）。

（1）物质的组成应与化学式完全相符。若含结晶水，其结晶水的含量也应与化学式相符。如草酸（$H_2C_2O_4 \cdot 2H_2O$）、硼砂（$Na_2B_4O_7 \cdot 10H_2O$）等。

（2）试剂的纯度要足够高，要求其纯度应在 99.9% 以上，而杂质含量应少到不影响分析的准确度。

（3）试剂在一般情况下应该很稳定。例如：不易吸收空气中的水和 CO_2，也不易被空气氧化等。

（4）试剂最好具有较大的摩尔质量。这样一来，对相同物质的量的试剂而言，称量时取量较多，而使得称量相对误差减小。

（5）试剂参加反应时，应按反应方程式定量进行而没有副反应。

2. 标准溶液的配制

其配制方法有直接法和间接法两种。

（1）直接法　准确称取一定量基准物质，溶解后定量转入容量瓶中，用蒸馏水稀释至刻度。根据称取物质的质量和容量瓶的体积，计算出该溶液的准确浓度。

（2）间接法（标定法）　在实验过程中，我们会碰到有些物质不具备作为基准物质的条件，但是需要用来配制标准溶液，这时可采用间接法进行配制。具体做法是先将该物质配成一种近似于所需浓度的溶液，然后用基准物质（或已知准确浓度的另一份溶液）来标定它的准确浓度。例如 HCl 试剂易挥发，欲配制浓度为 0.1mol/L 的 HCl 标准溶液时，就不能直接配制，而是先将浓 HCl 配制成浓度大约为 0.1mol/L 的稀溶液，然后称取一定量的基准物质如硼砂对其进行标定，或者用已知准确浓度的 NaOH 标准溶液来进行标定，从而求出 HCl 溶液的准确浓度，得到 HCl 标准溶液。

五、实验室安全知识

分析实验室安全包括人身安全及实验室、仪器、设备的安全。分析化学实验室主要应预防化学药品中毒，操作过程中的烫伤、割伤、腐蚀等人身安全和燃气、高压气体、高压电源、易燃易爆化学品可能产生的火灾、爆炸事故及跑水等事故。

（1）必须熟悉实验室及其周围环境，如水闸、电闸、灭火器等的位置。

（2）实验室内禁止饮食吸烟，切勿以实验用容器代替水杯、餐具使用，防止化学试剂入口，实验结束后要及时洗手。

（3）使用电器时，要谨防触电，不能用湿的手去触摸带电仪器和电插销，实验结束后及时拔下电插销，切断电源。

（4）使用浓酸、浓碱及其他具有强烈腐蚀性的试剂时，操作要小心；防止溅伤和腐蚀皮肤、衣物等。易挥发的有毒或有强烈腐蚀性的液体和气体，要在通风柜中操作（尤其是用它们热分解试样时）。浓酸、浓碱如果溅到身上应立即用水冲洗，溅到实验台上或地面上时要用水稀释后擦掉。

（5）易挥发的有毒或强腐蚀性的液体以及有恶臭的气体，要在通风橱中进行（尤其是用它们进行热分解试样时），绝不允许在通风橱外加热。

（6）使用自来水后要及时关闭阀门，遇停水时要立即关闭阀门，以防来水后跑水，离开实验室应再次检查自来水阀门是否完全关闭。

（7）不允许将各种化学药品任意混合，以免引发事故，自行设计的实验必须和指导教师讨论确定实验方案后，方可进行。

（8）如果发生烫伤或割伤，可先利用实验室的小药箱进行简单处理，然后尽快去医院进行医治。

（9）实验过程中万一发生着火，不要惊慌，应尽快切断电源或燃气源，用石棉布或湿抹布熄灭（盖住）火焰。密度小于水的非水溶性有机溶剂着火时，不可用水浇，以防止火势蔓延。电器着火时，不可用水冲，以防触电，应使用干冰或干粉灭火器。着火范围较大时，应立即用灭火器灭火，并根据火情决定是否要报告消防部门。

（10）使用汞时应避免泼洒在实验台或地面上，使用后的汞应收集在专用的回收容器中，切不可倒入下水道或污物箱内。万一发生少量汞洒落，应尽量收集干净，然后在可能洒落的地区洒一些硫黄粉，最后清扫干净，并集中作固体废物处理。

（11）实验完毕后，值日生和最后离开实验室的人员应负责检查门、窗、水是否关好，电闸是否断开。

第三节　分析化学实验的基本操作

视频

一、移液管和吸量管的使用

移液管和吸量管是用于准确移取一定体积溶液的玻璃量器。其中移液管是一根中间有一膨大部分的细长玻璃管，其下端为尖嘴状，上端管颈处刻有一条标线，是所移取的准确体积的标志。常用的移液管有 5、10、25、50mL 等规格。吸量管是具有刻度的直形玻璃管。常用的吸量管有 1、2、5、10mL 等规格。移液管和吸量管所移取的体积通常可准确到 0.01mL。

（一）使用方法

1. 检查

移液管和吸量管在使用前应检查其管口和尖嘴处有无破损，如有破损则不能使用，如无破损则需观察移液管标记、准确度等级、刻度标线位置等，做到使用时心中有数。

2. 洗涤

首先应用自来水淋洗，后用洗液泡洗以除去管内壁的油污，然后用自来水冲洗残留的洗液，再用纯水洗净。管内外壁不挂水珠标志着移液管或吸量管已洗涤干净。

3. 润洗

移取溶液前，应先用滤纸将移液管末端内外的水吸干，然后用待移取的溶液润洗管壁 3 次，以确保所移取溶液的浓度不变。润洗方法为：将溶液慢慢吸入管内，先吸入移液管容量的 1/3 左右，用右手的食指按住管口，取出，横持，并转动移液管使溶液接触到刻度以上部位，以置换内壁的水分，然后将溶液从管的下口放出并弃去，如此用反复润洗 3 次后，即可用。

4. 移液

此过程包括吸取溶液、调节液面和放出溶液三个过程，具体如下：

（1）吸取溶液　用右手的拇指和中指捏住移液管的上端标线以上的位置，将润洗过的移液管下口插入欲吸取的溶液中，插入不要太浅或太深，一般为 10～20mm 处，太浅会吸空，把溶液吸到洗耳球内弄脏溶液，太深又会在管外附着溶液过多。左手拿洗耳球，先把球中空气压出，再将球的尖嘴接在移液管上口，慢慢松开压扁的洗耳球使溶液慢慢吸入管内，如图 1-1（a）所示，当管内液面上升到标线以上约 1～2cm 处，迅速拿开洗耳球，用右手食指堵住管口（此时若溶液下降到标线以下，应重新吸取）。

（2）调节液面　左手端起试剂瓶，右手将移液管向上提升离开液面，管的末端仍靠在盛溶液器皿的内壁上，管身保持直立，略微放松食指（也可以微微转动吸管）使管内溶液慢慢从下口流出，视线与移液管的标线相平，直至溶液的弯月面底部与标线相切，立即用食指压紧管口。将尖端的液滴靠壁去掉，移出移液管，插入盛接溶液的器皿中。

（3）放出溶液　盛接溶液的器皿如是锥形瓶，应使锥形瓶倾斜 30°［图 1-1（b）］，移液管直立，管下端紧靠锥形瓶内壁，稍松开食指，让溶液沿瓶壁慢慢流下，全部溶液流完后需等 15s 后再拿出移液管，以使附着在管壁的部分溶液得以流出。如果移液管未标明"吹"字，则残留在管尖末端内的溶液不可吹出，因为移液管所标定的量出容积中并未包括这部分残留溶液。

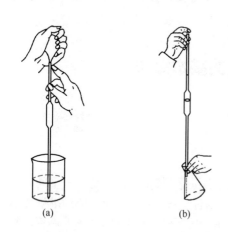

图 1-1　移液管的正确使用方法示意图

5. 存放

移液完毕后，清洗干净的移液管和吸量管，应放置在移液管架上，长期不用时可置于防尘盒中。

（二）注意事项

（1）在调整零点和排放溶液过程中，移液管都要保持垂直，其流液口要接触倾斜的器壁（不可接触下面的溶液）并保持不动；等待 15s 后，流液口内残留的一点溶液绝对不可用外力使其被震出或吹出；移液管用完应放在管架上，不要随便放在实验台上，尤其要防止管颈下端被污染。

（2）吸量管的全称是"分度吸量管"，它是带有分度的量出式量器，用于移取非固定量的溶液。吸量管的使用方法与移液管大致相同，使用时需注意以下几点：

① 由于吸量管的容量精度低于移液管，所以在移取 2mL 以上固定量溶液时，应尽可能使用移液管。

② 使用吸量管时，为了减少测量误差，每次都应以最上面的刻度（0 刻度）处为起始点，往下放出所需体积的溶液，而不是需要多少体积就吸多少体积。

③ 吸量管的种类较多，要根据所做实验的具体情况，合理地选用吸量管。

二、容量瓶的使用

视频

容量瓶的主要用途是配制标准浓度的标准溶液或定量稀释溶液。它是一种细长颈、梨形的平底玻璃瓶，带有磨口玻璃塞或塑料塞。瓶颈上刻有标线，当瓶内液体在所指定温度下达到标线处时，其体积即为瓶上所注明的容积数。一种规格的容量瓶只能量取一个量。常用的容量瓶有 50、100、250、500、1000mL 等多种规格。

（一）使用方法

1. 检漏

使用容量瓶前应先检查是否漏水。具体操作方法是：在容量瓶内装入半瓶水，塞紧瓶塞，用右手食指顶住瓶塞，另一只手五指托住容量瓶底，将其倒立（瓶口朝下），观察容量瓶是否漏水。若不漏水，将瓶直立且将瓶塞旋转 180°后，再次倒立，检查是否漏水，若两次操作容量瓶瓶塞周围皆无水漏出，即表明容量瓶不漏水。经检查不漏水的容量瓶才能使用。

2. 洗涤

（1）自来水洗涤若干次，较脏（内壁挂水珠）时，可用铬酸洗液洗涤，洗涤时将瓶内水尽量倒空，然后倒入铬酸洗液 10～20mL，盖上塞，边转动边向瓶口倾斜，至洗液布满全部内壁。放置数分钟，倒出洗液，用自来水充分洗涤。

（2）实验时用纯水润洗 3 次。

3. 转移

若要将固体物质配制成一定体积的溶液，通常是将准确称量好的固体物质放在烧杯中，用少量溶剂溶解后，再定量地转移到容量瓶中。转移时要用玻璃棒引流。方法是将玻璃棒一端紧靠在容量瓶颈内壁上 [图 1-2（b）]，但不要太接近瓶口，以免有溶液溢出。待烧杯中的溶液倒尽后，烧杯不要直接离开玻璃棒，而应在烧杯扶正的同时使烧杯嘴沿玻璃棒上提 1～2cm，直立，使附着在烧杯嘴上的一滴溶液流回烧杯中。为保证溶质能全部转移到容量瓶中，用少量水（或其他溶剂）涮洗烧杯 3～4 次，每次用洗瓶或滴管冲洗杯壁和搅棒，按同样的方法移入瓶中。

如果固体溶质是易溶的，而且溶解时又没有很大的热效应发生，也可将称取的固体溶质小心地通过干净漏斗放入容量瓶中，用水冲洗漏斗并使溶质直接在容量瓶中溶解。

如果是浓溶液稀释，则用移液管吸取一定体积的浓溶液，放入容量瓶中，再按下述方法稀释定容。

4. 定容

溶液转入容量瓶后，加溶剂，稀释至 3/4 体积时，将容量瓶平摇几次（切勿倒转摇动），作初步混匀，这样可避免混合后体积的改变。继续加溶剂至刻线以下约 1cm，等待 1～2min，左手大拇指和食指夹住容量瓶的最上端（此时两个手指只起到夹子的作用），小心地逐滴悬空加入，直至溶液的弯月面底部与标线相切。盖紧塞子。

5. 摇匀

左手捏住瓶颈上端，食指压住瓶塞，右手三指托住瓶底 [图 1-2（c）]，将容量瓶倒转并振荡 [图 1-2（d）]，再倒转过来，仍使气泡上升至顶，如此反复 10～15 次，即可混匀。

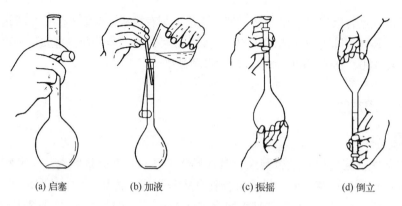

| (a) 启塞 | (b) 加液 | (c) 振摇 | (d) 倒立 |

图 1-2　容量瓶使用示意图

（二）注意事项

（1）容量瓶的容积是特定的，刻度不连续，所以一种型号的容量瓶只能配制一个体积的溶液。在配制溶液前，先要弄清楚需要配制的溶液的体积，然后再选用对应规格的容量瓶。

（2）容量瓶不能进行加热。如果溶质在溶解过程中放热，要待溶液冷却后再进行转移，因为一般的容量瓶是在 20℃的温度下标定的，若将温度较高或较低的溶液注入容量瓶，容量瓶则会热胀冷缩，所量体积就会不准确，导致所配制的溶液浓度不准确。

（3）添加溶剂和定容时不能使洗瓶和滴管的尖嘴接触容量瓶的内壁，避免污染。

（4）定容时，一定要用手指夹起容量瓶，让容量瓶靠重力保持竖直。

（5）容量瓶不是试剂瓶，不能长久保存溶液。

视频

三、滴定管的使用

滴定管是在滴定过程中，用于准确测量滴定剂消耗体积的玻璃量器。它的管身由细长且内径均匀的玻璃管制成，具有精密刻度，下端的流液口为玻璃尖嘴，两部分之间通过旋塞或乳胶管（内含玻璃珠）连接用来控制滴定速度。

滴定管有无色和棕色两种，一般需要避光的滴定剂如硝酸银、硫代硫酸钠、高锰酸钾都要用棕色滴定管盛装，以防止溶液在滴定过程中分解。根据滴定管的容积不同，滴定管可分为常量滴定管、半微量滴定管和微量滴定管。常量滴定管一般有 25mL、50mL 不同规格，具有 25 个或 50 个等分刻度，每格为 1mL，其中每格又可细分为 10 小格，即每一小格为0.1mL，读数时可以估读到 0.01mL。在滴定过程中，需要读取滴定前后两次液面数值，通过计算两次的差值得到所消耗标准溶液的体积，因为滴定管最大读数误差为 0.02mL。

滴定管根据所装标准溶液性质的不同，一般分为酸式滴定管和碱式滴定管两种，如图1-3（a）和图 1-3（b）所示。其中酸式滴定管下端有玻璃活塞开关，可以控制滴定速度。酸式滴定管用于盛装酸性、中性及氧化性溶液，不能盛装碱性溶液，因为碱性溶液能腐蚀玻璃，使活塞难以转动。碱式滴定管的下端连接一橡胶管，管内放一颗直径比橡胶管内径略大一些的玻璃珠，用于控制溶液的滴定速度，橡胶管下端连一尖嘴玻璃管。碱性滴定管用于盛碱性溶液和无氧化性溶液，不适合盛放能与橡胶管发生反应的氧化性溶液，比如：高锰酸钾和碘等溶液。近年来，具有优良耐腐蚀性的聚四氟乙烯活塞获得广泛应用，克服了普通酸式滴定管怕碱的缺点，使酸式滴定管可以做到酸碱通用，如图 1-3（c）所示，碱式滴定管的使用大为减少。

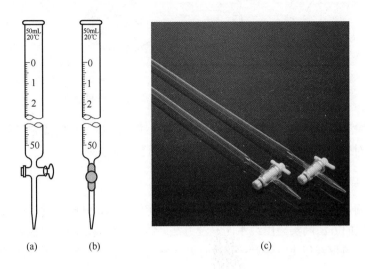

图 1-3　酸碱滴定管

（一）滴定管使用前的准备工作

1. 检查与检漏

检查时先检查滴定管下端尖嘴处和上端加液处是否完好，如有破损，应及时更换。还应该检查酸式滴定管旋塞是否匹配，碱式滴定管的胶管孔径与玻璃珠大小是否合适，胶管是否有孔洞、裂纹和硬化，如不合适，应及时更换。检查合格后，再进一步检查滴定管是否漏水。

检查滴定管是否漏水，可将滴定管内装水至"0"刻度左右，将管外壁擦干，夹在滴定架上直立 2min，仔细观察下端尖嘴处有无水滴滴下或者接头缝隙处有无水渗出。对于酸式滴定管，需将活塞转动 180°，再如前法检查；对于碱式滴定管，需捏动玻璃珠，使其在橡胶管内略微移动。如果没有漏水现象即可使用。

如有漏水，酸式滴定管需要在活塞处重新涂抹凡士林，碱式滴定管必须重新更换橡胶管或者玻璃珠，聚四氟乙烯滴定管需调整活塞螺旋松紧程度。

给酸式滴定管的旋塞涂凡士林（起密封和润滑的作用），一般按如下操作：将管中的水倒掉，平放在台上，把旋塞取出，用滤纸将旋塞和塞槽内的水吸干。用手指蘸少许凡士林 [图 1-4（a）]，在旋塞芯两头薄薄地涂上一层（导管处不涂凡士林），然后把旋塞插入塞槽内，向一个方向旋转几次，使油膜在旋塞内均匀透明，且旋塞转动灵活。注意不能涂得太多，否则容易堵塞旋塞孔；涂得太少，旋塞转动不灵活，有可能导致漏水。

2. 洗涤

通常滴定管可用自来水或管刷蘸洗涤剂（不能用去污粉）洗刷，而后用自来水冲洗干净，再用实验用纯水润洗 3 次。润洗方法是：倒入 10～15mL 纯水，两手平端滴定管并缓慢

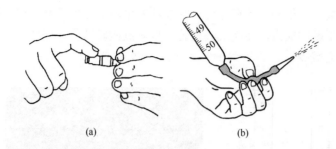

图 1-4 酸式滴定管涂凡士林的方法和碱式滴定管排气泡的方法

旋转，使纯水润湿整个滴定管内壁，然后将水从下口放出。有油污的滴定管要用铬酸洗液洗涤，其中洗液对碱式滴定管胶头有强腐蚀，应去掉胶头后洗涤。

3. 润洗、装液和排气泡

装入溶液前，应先用少量待装入的溶液润洗滴定管 3 次，以避免管内残留的水分将溶液稀释。其中润洗的方法同实验用纯水的润洗方法。然后将待装溶液直接倒入滴定管中，直到溶液液面达到零刻度线以上。注意：装液时要将标准溶液摇匀，然后不借助任何器皿直接注入滴定管内。

滴定管内装入标准溶液后要检查尖嘴内是否有气泡。如有气泡，将影响溶液体积的准确测量。排除气泡的方法是：若碱式滴定管有气泡，把橡胶管向上弯曲，出口上斜，挤捏玻璃珠，使溶液从尖嘴快速喷出，气泡即可随之排掉，如图 1-4（b）所示。若酸式滴定管或通用性滴定管有气泡，用右手拿住滴定管无刻度部分使其倾斜约 30°角，左手迅速打开旋塞，使溶液快速冲出，将气泡带走。

气泡排出后，补加溶液至零刻度线以上，再调节液面至零刻度线或稍下处，读取滴定的初始读数。

4. 滴定管的读数

读数时滴定管应拿下来，用大拇指和食指捏住滴定管最上端未装液体的部分，靠重力保持滴定管竖直，让视线和滴定管中液面相平，然后再读数。一般不采用将滴定管夹在滴定管架上读数的方法，因为这样很难保证滴定管的垂直以及对液面的平视。

对于无色或浅色溶液，应读弯月面下缘的最低点。为此，读数时视线应与弯月面下缘实线的最低点相切，如图 1-5 所示。对于深色溶液如高锰酸钾，视线应与液面两侧的最高点相切。

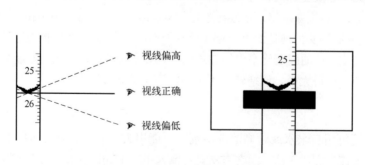

图 1-5 滴定管正确的读数方式

滴定时，最好每次都从零位开始或接近零的任一刻度开始。这样可固定在某一段体积范围内滴定，减少系统误差。为确保读数精确，每次读数前，还应看一下壁内是否有挂水珠，管的尖嘴处有无悬挂液滴，管内有无气泡。在滴定管注入溶液或放出溶液后，需静置 1~2min 后才能读数。

读数的值保留毫升小数点后 2 位，即要求估读到 0.01mL。

（二）滴定操作

进行滴定操作时，应将滴定管夹在滴定管架上，滴定管插入锥形瓶口 1~2cm，使瓶底离滴定台约 2~3cm。滴定开始前先把悬挂在滴定管尖端的液滴去除，滴定时用左手控制滴定管阀门，右手持锥形瓶，并不断旋摇，使溶液均匀混合。

不同的滴定管控制滴定管阀门手法不相同，对于酸式滴定管或通用滴定管［如图 1-6（a）所示］，左手握住滴定管控制旋塞，大拇指在管前，食指和中指在后，无名指和小指向手心弯曲，大拇指、食指和中指三指从旋塞的外侧握住旋塞柄，手指略微弯曲，向内扣住旋塞，避免产生使旋塞拉出的力，向里旋转旋塞使溶液滴出。对于碱式滴定管［如图 1-6（b）所示］，用左手的拇指和食指捏住玻璃珠中部靠上部位的橡胶管外侧，向手心方向捏挤橡胶管，使其与玻璃珠之间形成一条缝隙，溶液即可流出。注意不要使玻璃珠移动，更不能捏挤玻璃珠下部乳胶管，以免空气进入形成气泡。

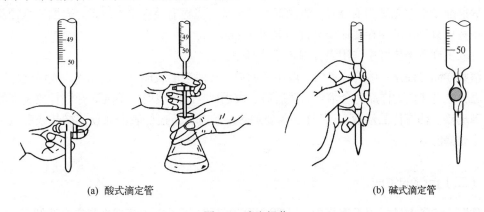

(a) 酸式滴定管   (b) 碱式滴定管

图 1-6 滴定操作

滴定操作要掌握好滴定速度（连续滴加，逐滴滴加，半滴滴加），接近滴定终点时，滴定速度要慢，最后一滴一滴地滴入甚至半滴半滴地加入，防止过量，终点前用洗瓶冲洗瓶壁以免有残留的液滴未起反应，再继续滴定至终点。最后，必须待滴定管内液面完全稳定后，方可读数。

（三）滴定操作注意事项

（1）摇瓶时，应使溶液向同一方向作圆周运动（左右旋转均可），但勿使瓶口接触滴定管，溶液也不得溅出。

（2）滴定过程中，左手不能离开活塞任其自流。

（3）滴定过程中，眼睛要注意观察溶液落点周围溶液颜色的变化，不要看滴定管上的刻度变化，以保证终点的准确。

（4）滴定开始时，应边摇边滴，滴定速度可稍快，但不能流成"水线"。接近终点时，应改为加一滴，摇几下。最后，每加半滴溶液就摇动锥形瓶，直至溶液出现明显的颜色变化。加半滴溶液的方法如下：微微转动活塞，使溶液悬挂在出口管嘴上，形成半滴，在锥形瓶内壁滑落，再用洗瓶以少量蒸馏水吹洗瓶壁。

（5）必须掌握下面三种加液方法：①逐滴连续滴加；②只加一滴；③使液滴悬而未落，即加半滴。

（6）滴定结束后，滴定管中剩余的溶液应倒入指定回收容器汇总，然后将滴定管洗净，倒置于滴定管架上。

四、重量分析的基本操作

重量分析的基本操作包括样品的溶解、沉淀的生成、沉淀的过滤和洗涤、沉淀的烘干与灼烧、称量等。为了使沉淀完全纯净，应根据沉淀的类型选择适宜的操作条件，每步操作都要细心地进行，以得到准确的分析结果。

（一）样品的溶解

提前准备洁净无破损的烧杯、表面皿和玻璃棒。烧杯需要内壁无纹痕，表面皿直径需略大于烧杯口直径，玻璃棒要比烧杯深度长 5～7cm。

称取试样置于烧杯中，用表面皿盖于烧杯上面。

溶解样品时注意：溶解样品时，取下表面皿，将溶液沿玻璃棒下端加入，或沿烧杯壁加入。边加边搅拌直到样品完全溶解，然后盖上表面皿，此时玻璃棒不准离开烧杯放到别的地方（玻璃棒上沾有样品溶液）。若样品需要加热溶解时，要盖好表面皿使其微热或者微沸溶解，不要暴沸。

（二）沉淀的生成

称取一定量的试样置于烧杯中，根据试样的性质选择适宜的溶剂将其完全溶解后，加入沉淀剂进行沉淀。同时应根据沉淀的不同类型，选择不同的沉淀条件。

对于晶形沉淀，用滴管将沉淀剂沿着烧杯壁或玻璃棒缓缓地加入烧杯中，滴管口应接近液面，以免溶液溅出，边滴加边搅拌，搅拌时尽量不要碰到烧杯内壁和底部，以免划损烧杯使沉淀黏附在划痕中。在热溶液中进行沉淀时应在水浴或低温电热板上进行，以免溶液沸腾而溅失。

沉淀剂加完后应检查沉淀是否完全。检查的方法是：将溶液静置，待沉淀沉降后，于上清液中加入一滴沉淀剂，观察液滴落处是否还有浑浊出现。沉淀完全后，盖上表面皿放置过夜或加热搅拌一定时间进行陈化。（注意：在整个实验过程中，玻璃棒、表面皿与烧杯要一一对应，不能互换或共用一根玻璃棒。）

对于无定形沉淀，应当在热的较浓溶液中进行沉淀，较快地加入沉淀剂，搅拌方法同上。待沉淀完全后，迅速用热的蒸馏水冲洗，不必陈化。待沉淀沉降后，应立即趁热过滤和洗涤。

（三）沉淀的过滤和洗涤

常用的过滤沉淀方法有常压过滤和减压过滤两种。用滤纸过滤时，由于滤纸的机械强度和韧性均较小，一般采用常压过滤，尽量少用抽滤的方法过滤，如必须加快过滤速度，可根据真空泵吸力大小在漏斗中叠放 2～3 层滤纸。

1. 常压过滤

（1）滤纸的选择　定量滤纸又称无灰滤纸（灼烧后其每张灰分的质量小于 0.1mg），在质量分析中可以忽略不计。定量滤纸一般为圆形，按其孔隙大小，分为快速、中速和慢速三种。在过滤时应根据沉淀的性质合理地选用。如对于 $BaSO_4$ 等晶形沉淀，应选用孔隙小的慢速滤纸，而对 $Fe(OH)_3$ 等无定形沉淀则应选用孔隙大的快速滤纸。滤纸的大小应根据沉淀量的多少而定，沉淀的体积应低于滤纸容积的 1/3。此外还应和漏斗相适应，一般滤纸放入漏斗后，其边缘应低于漏斗口 0.5～1.0cm。

（2）滤纸的折叠与安放　用干燥洁净的手将滤纸对折，再对折成直角，展开后成圆锥体，半边一层，另半边三层，放入洁净的漏斗中，标准的漏斗应具有 60° 的圆锥角，若滤纸与漏斗不完全密合，应调整滤纸的折叠角度直到完全密合。为使滤纸与漏斗内壁贴合而无气泡，可将滤纸三层厚的外层折角撕掉一点并保存在洁净干燥的表面皿上，待以后擦烧杯用。滤纸的折叠与安放见图 1-7。

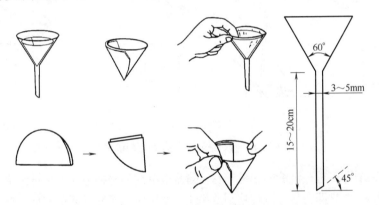

图 1-7　滤纸的折叠与安放

将折叠好的滤纸放入漏斗中，三层处应在漏斗颈出口短的一边，用手指压住层厚的一边，用洗瓶吹出少量水将滤纸润湿，然后轻压滤纸赶出气泡，使滤纸的锥形上部与漏斗间没有空隙。加水至滤纸边缘，这时漏斗内应全部被水充满，形成水柱，当漏斗内水全部流尽后，颈内水柱仍能保留且无气泡。若不能形成完整的水柱，可用手指堵住漏斗出口，稍微掀起滤纸三层厚的一边，用洗瓶向滤纸和漏斗间的空隙内注水，直至漏斗颈及滤纸锥体的大部分被水充满。然后压紧滤纸边缘，排出气泡，最后缓缓松开堵住漏斗出口的手指，水柱即可形成。在过滤和洗涤过滤中，借助水柱的抽吸作用可使滤速明显加快。

将准备好的漏斗放在漏斗架上，下面放一洁净烧杯盛接滤液，漏斗颈出口长的一边应紧靠杯壁，滤液沿壁流下以避免溅出。漏斗位置的高低，以过滤时漏斗的出口不接触滤液为度。

（3）沉淀的过滤和洗涤　过滤一般采用倾析法，即待沉淀沉降后将上层清液沿玻璃棒倾入漏斗内。让沉淀尽可能留在烧杯内，然后再加洗涤液于烧杯中，搅起沉淀进行充分洗涤，再静置澄清，然后再倾出上层清液，这样既可加快过滤速率，不致使沉淀堵塞滤纸，又能使沉淀得到充分洗涤。操作时，左手拿盛沉淀的烧杯移至漏斗上方，右手将玻璃棒从烧杯中慢慢取出并在烧杯内壁靠一下，使悬在玻璃棒下端的液滴流入烧杯。然后将其垂直立于漏斗之上并紧靠杯嘴，玻璃棒下端对着三层滤纸边，尽可能靠近但不可接触滤纸。慢慢将烧杯倾斜，使上层清液沿玻璃棒缓缓注入漏斗中。

倾入的溶液液面至滤纸边缘约 0.5cm 处，应暂停倾注，以免沉淀因毛细作用越出滤纸边缘，造成损失。当停止倾注时，将烧杯嘴沿玻璃棒慢慢向上提起，使烧杯直立，再将玻璃棒放回烧杯中以免杯嘴处的液滴流失。注意玻璃棒勿靠在杯嘴处，以免烧杯嘴上的少量沉淀黏附在玻璃棒上。倾析法操作如图 1-8（a）和（b）所示。

当清液倾注完毕，即可进行初步洗涤。用洗瓶或滴管加水或洗涤液，从上到下旋转吹洗烧杯内壁及玻璃棒，每次用量 15～20mL。然后用玻璃棒搅起沉淀以充分洗涤，再将烧杯斜放在小木块上，使沉淀下沉并集中在烧杯一侧，以利沉淀和清液分离，便于清液的转移。澄清后再倾倒过滤，如此重复过滤，洗涤 3～4 次。

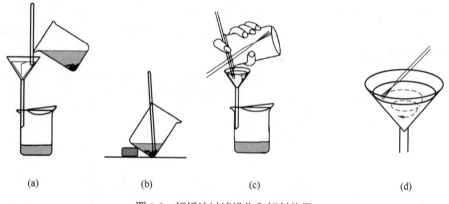

图 1-8　倾析法过滤操作和倾斜静置

初步洗涤后，即可进行沉淀的定量转移。向盛有沉淀的烧杯中加入少量洗涤液，用玻璃棒将沉淀充分搅动，并立即将悬浮液转移到滤纸上，然后用洗瓶冲下杯壁和玻璃棒上的沉淀，再进行转移。如此反复多次，尽可能将沉淀全部转移到滤纸上，对于残留在烧杯内的最后少量沉淀，可按图 1-8（c）所示的方法将其完全转移到滤纸上。即用左手拿住烧杯，玻璃棒放在杯嘴上，以食指按住玻璃棒，烧杯嘴朝向漏斗倾斜，玻璃棒下端指向滤纸三层部分，右手持洗瓶吹出液流冲洗烧杯内壁，使杯内残留的沉淀随液流沿玻璃棒流入纸内，注意勿使溶液溅出。

仍黏附在烧杯内壁和玻璃棒上的沉淀，可用原撕下的滤纸角进行擦拭，擦拭过的滤纸角放在漏斗中的沉淀内。沉淀完全移转至滤纸上后，在滤纸上进行最后洗涤，用洗瓶吹出细小缓慢的液流，从滤纸上部沿漏斗壁螺旋式向下吹洗，如图 1-8（d）所示，使沉淀集中到滤纸锥体的底部，直到沉淀洗净。

洗涤的目的是洗除沉淀表面所吸附的杂质和残留的母液，获得纯净的沉淀。为了提高洗涤效率，尽量减少沉淀的溶解损失，洗涤时应遵循"少量多次"的原则，即同体积的洗涤液应尽可能分多次洗涤，每次使用少量洗涤液（需没过沉淀），待沉淀沥干后，再进行下一次洗涤。

洗涤数次后，用洁净的表面皿盛接约 1mL 滤液，选择灵敏、快速的定性反应来检验沉淀是否洗净。

2. 减压过滤

减压过滤即抽滤，是利用真空抽气泵使抽滤瓶中的压强降低，在布氏漏斗上下形成气压差，以达到固液分离的目的。减压过滤可以加快过滤速率，还可以把沉淀抽吸得比较干燥，但不宜过滤胶状沉淀（快速过滤时能透过滤纸）或颗粒太小的沉淀（堵塞滤纸滤孔，降低过滤速率）。减压过滤装置由布氏漏斗、抽滤瓶、橡胶管、抽气泵、滤纸等组装而成。布氏漏斗多为陶瓷材质，也有用塑料制作的，规格以口径表示。布氏漏斗上面有许多瓷孔，下端颈部装有橡皮塞，借此与抽滤瓶相连。抽滤瓶用来盛接滤液，是一种有一个分支（接抽气泵）的锥形瓶。抽滤瓶多为加厚玻璃材质，不能用火加热，规格以容积（mL）表示。

抽滤操作过程如下。

（1）检查装置　按图 1-9 所示的方式搭好抽滤装置，布氏漏斗的下端斜面颈口应与抽滤瓶的支管相对，但不能靠得太近，以免滤液被抽走。检查布氏漏斗与抽滤瓶之间连接是否紧密，与抽气泵连接口是否漏气。

（2）贴好滤纸　滤纸的大小应比布氏漏斗的内径略小，以能恰好盖住所有瓷孔为佳。滴加蒸馏水润湿滤纸，微微开启抽气阀门使滤纸与漏斗吸紧。

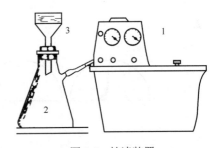

图 1-9　抽滤装置

1—抽气泵；2—抽滤瓶；3—布氏漏斗

（3）过滤　打开抽气阀门，先将沉降后的上层清液沿玻璃棒倒入漏斗中，溶液不得超过漏斗总容量的2/3。过滤完后再将沉淀转移至滤纸的中间部分。抽滤瓶内的滤液面最高不能达到支管的水平位置，否则滤液将被抽气泵抽出。如有需要，抽滤瓶中的滤液应从上口倒出，不可以从支管倒出。

（4）洗涤沉淀　沉淀的洗涤方法与常压过滤使用玻璃漏斗时相同，但不要使洗涤液过滤得太快，可适当把抽气阀门开得小一点或停止抽气（拔掉橡胶管），让沉淀和洗涤液充分浸润后，再连接抽气泵，以免沉淀洗不净。沉淀洗涤需遵循少量多次的原则。过滤完成之后，先拔掉抽滤瓶连接的橡胶管，然后关抽气泵。

（5）取出沉淀　从漏斗中取出沉淀时，应用洗净的手指或玻璃棒轻轻揭起滤纸边，取下滤纸和沉淀。或将漏斗从抽滤瓶上取下，左手握漏斗管，倒转，用右手"拍击"左手，使固体连同滤纸一起落入洁净的表面皿上，揭去滤纸，再对固体作干燥处理。

（四）沉淀的烘干与灼烧

1. 坩埚的准备和干燥器的使用

将坩埚洗净、烘干，再用钴盐或铁盐液在坩埚及盖上写明编号，以便识别。然后于高温炉中，在灼烧沉淀时的温度条件下预先将空坩埚灼至恒重，灼烧 15～30min。灼烧后的坩埚自然冷却后将其夹入干燥器中。暂不要立即盖紧干燥器盖，留约 2mm 缝隙，等热空气逸出后再盖严。移至天平室冷却 30~40min 至室温后即可称量。然后再灼烧 15~20min，冷却，称量，直到连续两次称得质量之差不超过 0.2mg，即可认为坩埚恒重。

2. 沉淀的包裹

用洁净的药匙或顶端扁圆的玻璃棒，将滤纸三层部分掀起两处，再用洁净的手指从翘起的滤纸下面将其取出，打开成半圆形，自右端 1/3 半径处左折叠一次，再自上面下折一次，然后从右向左卷成小卷如图 1-10（a），最后将其放入已恒重的坩埚内，包裹层数较多的一面朝上，以便于炭化和灰化。若包裹膨轻的胶体沉淀，可在漏斗中用玻璃棒将滤纸周边挑起并向内折，把锥体的敞口封住，然后取出倒过来尖朝上放入坩埚中，如图 1-10（b）。

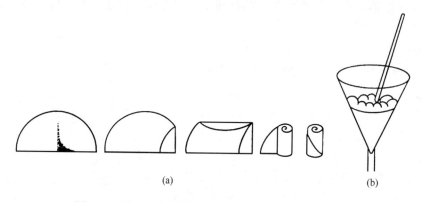

（a）   （b）

图 1-10 晶形沉淀的包裹（a）和胶体沉淀的包裹（b）

3. 沉淀的烘干、灼烧及称量

将装有沉淀的坩埚置于低温电炉上加热，埚盖半掩。将滤纸和沉淀烘干至滤纸全部炭化（滤纸变黑），注意只能冒烟，不能冒火，以免沉淀颗粒随火飞散而损失。炭化后可逐渐提高温度，使滤纸灰化。待滤纸全部呈白色后，移至高温炉中灼烧至恒重，然后进行称量。

沉淀在坩埚内灼烧的条件及恒重要求，与空坩埚时相同。

第四节　常用分析仪器的使用方法

一、电子分析天平

电子分析天平是实验室常用的精密计量仪器之一，具有操作简便快速、结果显示清晰、称量准确度高、自动化程度高等特点，广泛应用于各种定量分析中。为获得准确的测量结果，使用者应了解电子分析天平的原理、使用方法，并注重电子分析天平的日常维护和校准等操作，避免操作与管理不当对测量结果造成影响。

（一）电子分析天平的原理

电子分析天平采用了电磁力自动补偿电路原理，根据电磁力与被测物体的重力相平衡的原理来实现称重。天平秤盘与通电线圈相连，置于磁场中。当称量盘加载时（注意不要超过称量范围），线圈产生与称量质量大小相等方向相反的电磁力，使传感器进行电信号的输出，微计算机将电流变量转变为数字信号，在显示窗口上进行显示。

（二）FA2004 型电子分析天平的使用方法

1. 调水平

用天平后部的两只水平调节脚，将气泡调整至水平中央，关好玻璃门。

2. 校准天平

每次称量前须用标准校准砝码校准天平。

按"TARE"键清零，待天平稳定后，按"CAL"键，待显示屏上显示"C"后，轻轻放校准砝码至称量盘中心，关上玻璃门约 30 秒后，显示校准砝码值，听到"嘟"一声后，取出校准砝码，天平校准完毕。

3. 天平称量法

（1）直接称量法 按"TARE"键清零，待天平显示零后在称量盘上放置所称物体，关好天平门，显示称重稳定后，即可读取所称取物质的质量数据。

该法适用于称量不易吸水、在空气中性质稳定的物质。

（2）增量法（固定质量称量法） 将干燥的小烧杯轻轻放在天平盘上，关好天平门，待显示平衡后，按"TARE"键清零（扣除小烧杯的质量），然后打开天平门往小烧杯中加入试样并观察屏幕，当达到所需质量时停止加样，关上天平门，显示平衡后即可记录所称取试样的质量。

（3）递减称量法 这种方法称出试样的质量不要求固定的数值，只需在要求的称量范围内即可。常用于称取易吸湿、易氧化或易与 CO_2 起反应的物质。

① 按"TARE"键清零，待天平显示零后可以称重。

② 将适量的试样装入干净洁净的称量瓶中，用洁净的小纸条套在称量瓶上。在天平上准确称其质量，按"TARE"键去皮。

③ 取出称量瓶，打开瓶盖，将称量瓶倾斜，用瓶盖轻轻敲击瓶的上部，使试样慢慢落入盛试样的容器中，当倾出的试样接近所需的质量时，慢慢将瓶竖起，再用瓶盖敲击瓶口上部，使沾在瓶口的试样落回瓶中，盖好瓶盖，再将称量瓶放回到称量盘上称量，显示数值为负值，其绝对值即为所称试样的质量。

④ 重复上述方法可以连续称取多份试样。

（三）使用电子分析天平的注意事项

（1）称量前先将天平罩取下叠好，放在天平旁边，检查防风罩玻璃是否完好，门状态是否正常。

（2）天平使用前应预热 30min 以上。

（3）天平的前门不得随意打开，称量时应关好侧门，化学试剂和试样都不得直接放在称量盘上。

（4）天平的载重不能超过天平的最大负载。称量时应轻拿轻放，并尽可能放于称量盘中心。

（5）称量的物体必须与天平箱内的温度一致。

（6）称量完毕，关闭天平，关好侧门，记录使用情况，切断电源，罩上天平罩。

二、PHS-3C 型酸度计

1. 开机

将清洗过的电极用滤纸吸干，排去玻璃泡内的空气，将其与仪器接通，插上电源，打开开关。

2. 仪器校正

（1）配制标准溶液 配制 pH=6.86、4.00、9.18 的三种标准溶液，分别倒入烧杯中，测量该溶液的温度，将温度补偿开关转到该温度。

（2）定位 将电极浸入 pH=6.86 的标准溶液中，稍加搅动，静置，调"定位"旋钮使显示数值与该温度时标准溶液的数值一致。调定位前，把斜率放到最大。

（3）斜率 取出电极，洗净吸干，浸入 pH=4.00（或 9.18）标准溶液中，搅动，静置，调"斜率"旋钮使显示值与标准值一致。

3. 测定

将校正好的电极清洗，擦干后浸入被测溶液中，搅动，静置，待数值稳定后，记下数值，即为被测溶液的 pH 值。

4. 关机

测试完毕，关机，卸下电极，洗净，套上保护套。

三、722 型分光光度计

（1）将灵敏度调节旋钮置于"1"挡（信号放大倍率最小），选择开关置于"T"。

（2）打开开关，调节波长旋钮，使所需波长对准标线，仪器预热 20～30min。

（3）待数字显示器显示数字稳定后，打开试样室盖子（光门自动关闭），调节"0%T"旋钮，使数字显示为 000.0。

（4）将盛有参比溶液和待测溶液的吸收池分别置于试样架的第一格和第二格内，盖上试样室盖（光门打开）。将参比溶液置于光路中，调节"100%T"旋钮使数字显示为"100.0"，（若显示不到"100.0"，则应适当调节灵敏度挡），然后再调节"100%T"旋钮，直到显示为"100.0"。

（5）重复操作（3）和（4），直到显示稳定。

（6）将选择开关置于"A"挡（即吸光度），调节吸光度旋钮，使数字显示为"0.000"，将待测溶液置于光路中，显示值即为被测溶液的吸光度。

（7）若测量浓度，将选择开关置于"C"挡，将已知浓度的溶液置于光路中，调节浓度旋钮，使数字显示为标准值，将待测溶液置于光路中，显示值即为待测溶液的浓度。

（8）测量完毕，打开样品室盖，取出吸收池，洗净擦干，关闭仪器电源，待仪器冷却后，盖上样品室盖，罩上仪器罩。

四、UV-2600 紫外-可见分光光度计

1. 开机

依次打开稳压电源、电脑主机、光度计主机电源。

2. 自检

在桌面上双击"UVProbe2.62"，进入工作站后点击下方的"连接"，此时仪器进行自检，自检窗口全部显示绿色，表示自检通过，然后点击"确定"，仪器进行连线。

3. 光谱扫描法测定

（1）参数设定　在上侧菜单中选择"光谱"，然后点击"M"进行参数设置。

①"测定"窗口：积分球可在 140～220nm 波长范围内设定，一般用于测量固体，常用 PMT 检测器可在 90～190nm 内设定；其他参数根据需要设定，也可用默认设置。

②"样品准备"和"数据处理"窗口不用设定。

③"仪器参数"窗口："测定方式"根据需要可选透射率、吸收值、反射率、能量；测液体样品狭缝一般选 2.0nm，测固体样品狭缝一般选 5.0nm；检测器单元液体一般选直接，如测固体选为外置双检测器。

④"附件"窗口：测液体一般选"无"，装六连池时选"六连池"。设置完点击"确定"即可。

（2）光谱扫描　点击下方菜单中的"基线"进行基线校正，校正完成后点击"开始"。

（3）查看、保存　测量完成后点击右侧的"激活""重叠"等看结果，对谱图进行处理点击上方的"峰值检测""选点检测"等。保存谱图点击"文件"中的"另存为"，保存类型选"光谱文件"，存为谱图形式（此格式拷走，无工作站打不开，但查看方便）；保存类型若选"数据打印表"则存为 TXT 形式（拷走后可用 Excel 打开，但用工作站打不开此文件）。

4. 定量扫描法测定

（1）参数设定　在上侧菜单中选择"光度"，然后点击"M"进行参数设置。

①"波长"窗口："波长类型"设定为"点"；"波长"设为测定波长，点击"加入"。

②点击"下一步"到标准曲线窗口：如要作标准曲线，"类型"则选"多点"；如无须作标准曲线，则选"原始数据"。"定量法"根据需要选择。"WL1""WL2"等和"波长"窗口设定一致。

③ "测定参数"窗口和"文件属性"可不用设定。设置完后点"完成"即可。

（2）测试　点击下方菜单中的"自动调零"开始测量。点击"标准表"，输入"样品 ID"和"样品浓度"，点击下方的"读取 Sid"读取数据，样品测量方法操作同标准样品测量。

（3）测量完成　点击"文件"中的"另存为"，保存类型选"ASCII"。

5. 退出工作站

测量完成后先退出工作站，依次关闭光度计主机、计算机主机、稳压电源（一定按照顺序操作）。

6. 关机

关机后，至少等待 10min 再开机，以防损坏主机。

7. 清理

清理工作台面，认真、规范填写仪器实验室使用记录。

五、IRTracer-100 傅里叶变换红外光谱仪

1. 开机

开启计算机。

2. 启动软件

双击桌面的 IRsolution.lnk 图标，双击启动 IRsolution 软件。

3. 参数设置

（1）点击数据栏（Data）　设置测量模式（Measurement Mode）为透射（％Transmittance）；设置去积卷（Apodization）为 Happ-Genzel；设置扫描次数（No. of Scans）为 1～400 次，一般设置 10 次；设置分辨率（Resolution）为 4；设置记录范围（Range）为 400～4000。

（2）点击仪器栏（Instrument）　设置 Beam 为 Internal，Detector 为 Standard，MirrorSpeed 为 2.8。

（3）点击更多栏（More）　设置 Normal 中 Gain 为 Auto，Aperture 为 Auto，Monitor 中 Gain 为 Auto，Mode 为 Power。

4. 测试

（1）背景扫描　把纯 KBr 压片放入样品室内，点击 BKG 进行背景扫描。

（2）样品扫描　把样品放入样品室，点击 Sample 进行样品测试，测试完成后可以获得样品的图谱。

5. 显示图谱

（1）在测量模式下，用鼠标右键点击图谱，会显示下拉菜单，其中有［全屏］模式。

（2）点击 View 按钮可以查看样品测试的图谱，选择 File 中的 Open 可以查看以前保存

过的图谱。

（3）用鼠标拖动可以放大图谱的任意地方，也可以用鼠标菜单进行其他操作。上面的图谱是全图，下面的图谱是经过选择的图谱，并且上面的图谱中会有阴影部分标明下面的图谱在全图中的位置。

（4）重叠图谱。在放大窗口的任意光谱（没有隐藏）都可以以重叠状态显示在同一窗口中，如在"pure2"光谱窗口重叠"pure1"光谱。点击［pure1］栏将其激活，按下［Shift］按钮，拖动［pure2］栏（在光标的左边出现［+］标记），然后光谱"pure1"光谱移动到［pure2］窗口，这时［pure1］栏消失。剩下［pure1］窗口时，在［pure2］窗口用［Ctrl］按钮取代［Shift］按钮重叠两个光谱（"pure1"和"pure2"）。重复这个操作可以重叠三个或者更多的光谱，在菜单栏点击［Windows］命令的下拉式菜单中的［Split］命令把每一个光谱都放回原来的窗口中。

（5）透过和吸收图谱的转换：可用鼠标右键菜单进行转换。

6. 图谱处理

从菜单栏 Manipulation1 和 Manipulation2 的下拉菜单中可以选择各种处理功能。

（1）峰值表　当有多个光谱显示时，点击一个光谱栏标记峰并激活光谱。然后点击［Manipulation1］的下拉式菜单的［Peaktable］选项自动转换到［处理］栏显示峰检测屏。

检测峰可以用"噪声（Noise）""阈值（Threshold）"和"最小面积（Min Area）"设置，给每一个参数输入一个数值，点击计算（Calc）按钮，显示吸收峰检测结果。

若增加或者减少检测吸收峰数目，则改变各个参数的输入数值，点击计算（Calc）按钮。如果有些峰值没有被自动标出，可点击 Add Peak 键添加，按 Add Peak 键后光标会自动出现在图谱中，移动光标到所需的位置，单击，此处的波数会被记录在峰列表中。

要删除指定的峰，在 Manual Peak Pick 的下拉列表中选择该峰后，点击［Delete Peak］后，会删除该峰。

最后按 OK 键可以得到峰值表，要撤销计算可以按 Calc 键。

（2）其他处理功能

① 平滑（Smoothing）：可以用该功能滤除噪声。

② 连接（Connect）：可以用该功能去除已知的干扰峰，两点之间用直线连接替代。

③ 剪贴（Cut）：可以用该功能图谱的任意部分进行选区分析。

7. 图谱保存

扫描完成后，图谱会自动保存到默认的文件夹，可根据树形目录查看。

8. 图谱打印

（1）激活要打印的图谱：在查看（View）界面，点击要打印的图谱。

（2）在 File 的下拉菜单中选择 Print Preview 命令。

（3）选择一个合适的模板进行预览，如果不符合要求可以返回再选择其他模板。

9. 退出系统

（1）确保所有必要的 IRsolution 数据已经保存。

（2）执行［文件（File）］—［退出（Exit）］命令退出 IRsolution 软件。

（3）退出 Windows。

（4）检查计算机前面控制面板的存取指示，确保没有运行磁盘，然后关闭计算机。

六、Cary Eclipse 荧光光谱仪

1. 开机

插上电源，打开计算机，进入 Windows 系统，打开"Cary Eclipse"主机，等待氙灯预热稳定。

2. 荧光激发光谱扫描

（1）双击桌面"Cary Eclipse"，单击"Scan"出现"Tip of the Day"，直接点击"Close"关闭，出现光谱扫描界面。

（2）单击"Setup"，出现一系列参数设置对话框，点击"Excitation"，在发射波长"Emission"处输入对应的发射波长，在激发波长起始"Start"处输入激发波长的起始波长，"Stop"处输入激发波长的终止波长，激发光的狭缝宽度（Excitation Slit）、发射光的狭缝宽度（Emission Slit）和扫描速度（Scan Control）都要设置合适，点击"OK"确定，待"Start"变为绿色时，点击"Start"即可扫描荧光激发光谱。

3. 荧光发射光谱的扫描

单击"Setup"，点击"Emission"，在激发波长"Excitation"处输入最大激发波长，在发射波长起始"Start"处输入发射波长的起始波长，"Stop"处输入发射波长的终止波长，激发光的狭缝宽度（Excitation Slit）和发射光的狭缝宽度（Emission Slit）都要设置合适，再设置合适的扫描速度。点击"OK"确定，待"Start"变为绿色时，点击"Start"即可扫描荧光发射光谱。

4. 数据保存

点击"File"，再点击"Save as"，选择要保存的位置，命名文件名（File name）。其中文件名下面有"File type"，下拉该选项选择"Spreadsheet（*.csv）"，点击"Save"即可，此时数据保存在 Excel 中。

5. 标准曲线绘制

（1）双击桌面"Cary Eclipse"，单击"Concentration"的图标，出现"Tip of the Day"，直接点击"Close"关闭，出现标准曲线的界面。

（2）单击"Setup"，在"Excitation"处输入最大激发波长，在"Emission"处输入最大发射波长，激发光的狭缝宽度（Excitation Slit）和发射光的狭缝宽度（Emission Slit）扫描速度（Scan Control）都要设置合适。

（3）点击"Standard"设置标准溶液的单位、标准溶液的个数、对应的浓度、标准曲线的类型（经过或不过零点的直线或曲线）及 $minR^2$（R 是线性相关系数，一定要小于实际的

R^2），最后点击"Sample"设置样品个数，点击"OK"即可进行标准曲线的测试。

（4）于石英比色皿中放置空白溶液，点击"Zero"调零，点击"Start"进行测试。按照软件显示，依次换成浓度从低到高的标准溶液和未知试样，点击"OK"读取，通过测定一系列标准溶液的荧光强度，即可得到相应的标准曲线。根据标准曲线和未知试样的光强度计算出未知试样的浓度。

（5）点"File"，再点击"Save as"，选择要保存的位置，命名文件名（File Name）。其中文件名下面有"File Type"，下拉该选项选择"Spreadsheet（*.csv）"点击"Save"即可，此时数据保存在 Excel 中。

6. 关机

退出软件，关闭电脑和主机。

七、Z-2000 型原子吸收分光光度计

1. 准备

（1）打开保护器氩气瓶，并使压力表处于 0.5MPa。
（2）打开空气压缩机调节压力到 0.5MPa。
（3）打开水冷循环机。
（4）若使用火焰原子化法进行测量，打开乙炔气，压力约 0.09MPa。
（5）打开抽风机。
（6）打开电脑，当电脑完全运行正常后再开主机电源。
（7）检查水封瓶里是否注满水，若无，则要加满水。
（8）安装检测元素对应的空心阴极灯。

2. 石墨炉原子化法测量

（1）打开 AAS 软件，仪器进行自检。
（2）自检完毕，在 Analysis Mode 里选择 GA/Autosampler，并填写本次分析内容即 Analysis Name 和 Comment，这两项也可不填，但为了以后阅读数据方便，建议填写。
（3）在左菜单栏里选择 Meth.，对测量方法进行参数设定：
点击 Element→Edit Element…，在此处选择所测元素及其检测灯安装位置。
点击 Instrument→Edit Instrument…，Signal Mode 设为 BKG Correction，用石墨炉原子化法，把 Measurement Mode 设为 Peak Height。
点击 Analytical Method→Edit Analytical Method…，在 Injection 里设定进样量，一般为 20μL；Cuvette 设为 Tube A；Temperature 设为 Optical。
点击 Working Curve Table→Edit W Curve Table…，Calculation 设定为 Working Curve，若选 Absorbance，则只测 ABS 值；在 Order 里选择标准曲线的拟合幂值；Number of STD 为需测的标准样品个数；STD Replicates 为设定每个标准样品重复测量次数；STD Unit 填入标准样品的浓度单位；Decimal Place 设定数据保留小数点后几位；设定完毕后，在右边的 STD1、STD2…依次填入标准样品的浓度值，最后点击确定。

点击 Sample Table→Edit Measurement Table…，UNK Replicates 设定未知样重复测量次数，确定。

点击 Autosampler→Edit Cup Table…，这步很重要，一定不能把样品位置设错，在表格里对应填入标准样品浓度及其在自动进样器中所处的位置数值；另一种更简单的测量标准曲线的方法是让系统自动稀释一个高浓度标准样；表格中的 Sample ID 对应的浓度值为自己设定（除了高浓样品值是由样品溶液决定外），而在 Cup No.里，将每一个样品的位置全都设为高浓样品所在位置。把稀释液置于 60 号位置，注意，这是一个大号的进样杯；最后，注意要在表格最下栏的 Stock STD1 里写明高浓样品的浓度及其所在位置，设定完以后，测量时，系统会根据设定的标准样浓度，从高浓样品中取样，并从稀释液池中取样，自动稀释，最后完成标准曲线测定；设定完标准样品参数以后，在右边的表格里选上未知样品的位置数值，在对应位置点击使之变绿色。

QC 项一般为默认值即可，Report Format 项可进行打印报告格式设定。

设定完 Meth.以后，点击 Verify，再点击 On Line，然后点击工具栏图标 Condition Set，自动找到灯并调节灯的位置。

（4）设定完各项参数，可点击左菜单栏的 Start 开始测量，系统自动进样，自动采集数据，测量过程可点击左菜单栏的 Moni.进行监控，工具栏菜单 Monitor Condition 里可选择全程监控或仅在测量时监控，一般用 GA 法时选择仅在测量时监控即可。

（5）测量结束，点击 Close Sequence，然后点击左菜单栏的 Data 查看数据，注意保存，也可打印出数据。

3. 火焰原子化法测量

（1）打开 AAS 软件，此时仪器进行自检。

（2）自检完毕，在 Analysis Mode 里选择 Flame，若用手动进样，则选择 Flame/Manual，并填写本次分析内容即 Analysis Name 和 Comment，这两项也可不填，但为了以后阅读数据方便，建议填写。

（3）在左菜单栏里选择 Meth.，对测量方法进行参数设定：

点击 Element→Edit Element…，在此处选择所测元素及其检测灯安装位置。

点击 Instrument→Edit Instrument…，Signal Mode 设为 BKG Correction，用火焰原子化法，把 Measurement Mode 设为 Integral。

点击 Analytical Method→Edit Analytical Method…，Atomizer 选为 Standard；Flame Type 为 Air-C_2H_2；Fuel Flow 为 2.2 L/min；Delay Time 设为 0 sec；Measurement Time 为 5 sec。

点击 Working Curve Table→Edit W. Curve Table…，Calculation 设定为 W.Curve，若选 Absorbance，则只测 ABS 值；在 Order 里选择标准曲线的拟合幂值；Number of STD 为需测的标准样品个数；STD Replicates 为设定每个标准样品重复测量次数；STD Unit 填入标准样品的浓度单位；Decimal Place 设定数据保留小数点后几位；设定完毕后，在右边的 STD1、STD2…依次填入标准样品的浓度值，最后确定。

点击 Sample Table→Edit Measurement Table…，UNK Replicates 设定未知样重复测量次数，确定。

Report Format 项可进行打印报告格式设定。

设定完 Meth.以后，点击 Verify，再点击 Online，然后点击工具栏图标 Conditions Set，自动找到灯并调节灯的位置，开启循环水冷却系统。

（4）设定完各项参数后，按主机点火按钮即可自动点火。然后点击左菜单栏的 Auto 0.基线走平以后，点击 Ready，开始测量则点击 Start，系统自动进样，自动采集数据，若一开始选择的是 Flame/Manual 则需要手动依次进样；测量过程可点击左菜单栏的 Monit 进行监控，工具栏中的 Monitor Condition 里可选择全程监控或仅在测量时监控，一般用 Flame 法时选择全程监控（Full Time）。

（5）测量结束，点击 Close Sequence，然后点击左菜单栏的 Data 查看数据，注意保存，也可打印出数据。

（6）用去离子水清洗样品管路。

4. 关机

关闭氩气瓶、乙炔气瓶、空气压缩机、水冷循环机和抽风机，关闭软件中的空心阴极灯再离线，然后退出 AAS 软件，再关掉仪器主机后关闭电脑。

注意：把空气过滤器旋开，排气完再关闭。

八、CHI600E 电化学工作站

（1）将电极夹头夹到实际电解池上，设定实验技术和参数后，便可进行实验。实验中如果需要电位保持或暂停扫描（仅对伏安法而言），可用 Control 菜单中的 Pause/Resume 命令，此命令在工具栏中有对应的键，如果需要继续扫描，可再按一次该键。对于循环伏安法，如果临时需要改变电位扫描极性，可用 Reverse（反向）命令，在工具栏中也有相应的键。若要停止实验，可用 Stop（停止）命令或按工具栏上相应的键。

（2）如果实验过程中发现电流溢出（Overflow，经常表现为电流突然成为一平直线或得到警告），可停止实验，在参数设定命令中，重设灵敏度（Sensitivity）。数值越小越灵敏（1.0e-006 要比 1.0e-005 灵敏）。如果溢出。应将灵敏度调低（数值越大）。灵敏度的设置以尽可能灵敏而又不溢出为准，如果灵敏度太低，虽不致溢出，但由于电流转换成的电压信号太弱，模数转换器只用了其满量程的很小一部分，数据的分辨率会很差，且相对噪声很大。

（3）实验结束后，可执行 Graphics 菜单中 Present Date Plot 的命令进行数据显示。这时实验参数和结果（例如峰高、峰电位和峰面积等）都会在图的右边显示出来，可进行各种显示和数据处理，很多实验数据可以用不同的方式显示。在 Graphics 菜单中 Graph Option 的命令中可找到数据显示方式的控制，例如 CV 可允许选择任意段的数据显示，CC 可允许 Q-t 或 Q-t1/2 的显示，ACV 可选择绝对值电流或复数电流（任意相位角设定），SWV 可显示正反向或差值电流，IMP 可显示伯德图或奈奎斯特图，等等。

（4）要储存实验数据，可执行 File 菜单中的 Save As 命令。文件总是以二进制（Binary）的格式储存，用户需要输入文件名，但不必加.bin 的文件类型。如果忘了存数据，下次实验或读入其他文件时会将当前数据抹去。若要防止此类事情发生，可在 Setup 菜单的 System 命令中选择 Present Data Override Warning。这样，以后每次实验前或读入文件前都会给出警告（如果当前数据尚未存的话）。

（5）若要打印实验数据，可用 File 菜单中的 Save As 命令。但在打印前，须先在主视窗的环境下设置好打印机类型，打印方向（Orientation）请设置在横向（Landscape）。如果 Y 轴标记的打印方向反了，请用 Font 命令改变 Y 轴标记的旋转角度（90°或 270°）。若要调节打印图的大小，可用 Graph Options 命令调节 X Scale 和 Y Scale。

（6）若要切换实验技术，可执行 Setup 菜单中的 Technique 命令，选择新的试验技术，然后重新设定参数。如果要采用溶出伏安法，则可在 Control 的菜单中执行 Stripping Mode 命令，在显示的对话框中设置 Stripping Mode Enabled。如果要使沉积电位不同于溶出扫描时的初始电位（也是静止时的电位），可选择 Deposition E，并给出相应的沉积电位值。只有单扫描伏安法才有相应的溶出伏安法，因此 CV 没有相应的溶出法。

（7）一般情况下，每次实验结束后电解池与恒电位仪会自动断开。做流动电解池检测时，往往需要电解池和恒电位仪始终保持接通，以使电极表面的化学转化过程和双电层的充电过程结束而得到很低的背景电流。用户可用 Cell（电解池控制）命令设置"Cell On between I-t Runs"。这样，实验结束后电解池将保持接通状态。

（8）注意事项：

① 仪器的电源应采用单相三线。其中地线应与大地连接良好。地线的作用不但可起到机壳屏蔽作用以降低噪声，而且为了安全，不致由漏电而引起触电。

② 仪器不宜时开时关，但晚上离开实验室时建议关机。

③ 使用温度 15～28℃，此温度范围外也能工作，但会造成漂移和影响仪器寿命。

④ 电极夹头长时间使用造成脱落，可自行焊接，但注意夹头不要和同轴电缆外面一层网状的屏蔽层短路。

⑤ 常用的软件命令，如 Open（打开文件），Save As（储存数据），Print（打印），Technique（实验技术），Parameters（实验参数），Run（运行实验），Pause/Resume（暂停/继续），Stop（终止实验），Reverse Scan Direction（反转扫描极性），Ir Compensation（IR 降补偿），Filer（滤波器），Cell Control（电解池控制），Present Data Display（当前数据显示），Zoom（局部放大），Manual Result（手工报告结果），Peak Definition（峰形定义），Graph Options（图形设置），Color（颜色），Font（字体），Copy to Clipboard（复制到剪贴板），Smooth（平滑），Derivative（导数），Semi-derivative and Semi-integral（半微分/半积分），Data List（数据列表）等都在工具栏上有相应的键，执行一个命令只需按一次键。应熟悉并掌握工具栏中键的使用，这可大大提高软件使用速度。

⑥ CHI600E 的后面装有散热风扇。风扇是机械运动装置，所以会产生声音。一般情况下都在可容忍的范围。有时仪器刚打开时会产生较大噪声，可关掉电源再打开。如果该较大噪声仍存在，可让仪器再开一会，过一段时间应能恢复正常。

九、GC9720 气相色谱仪

1. 开机步骤

（1）打开气源，载气（H_2）。

（2）打开 GC、计算机电源、氢气发生器和空气泵。

（3）在计算机桌面上打开 FL9720 快捷键，进入实时分析窗口。

（4）对进样口、色谱柱、检测器的参数进行设置。设定完毕，点击"确认"。

（5）等 FID 检测器温度升到 150℃以上时，点击点火图标。

2. 测试步骤

（1）利用微量进样器进样。

（2）点"开始"键，仪器开始运行，等所有的色谱峰出现后，点"停止"键。

3. 关机步骤

（1）等柱温低于 50℃，检测器温度低于 100℃以后，关闭计算机。

（2）关闭气源。

（3）关闭 GC 电源开关。

4. 注意事项

（1）柱子要老化后再接上检测器，以免流失造成喷嘴堵。

（2）进样口要定期更换进样垫，进样口内的玻璃衬管要定期清洗，不用的进样口和检测器要用堵头堵好。

（3）安装色谱柱时，毛细柱两端切口要平齐，长时间不用或新的毛细柱两头要切掉 2cm 左右。

十、DSQII 单四极杆气相色谱质谱仪

（一）质谱开机

（1）拧松分压表，打开钢瓶总阀，开分压表，约为 0.6MPa。

（2）开 GC 的总电源开关，等待 GC 自检直到仪器显示盘里出现最终版本号。

（3）开 MS 总电源。

（4）打开"Tune"，等待软件传输结束。

（5）忽略真空和暖机未好的提示。

（6）在"Tune/Show Status View/Vacuum"里显示"Turbo Pump"，"Turbo Pump RPM"显示"Failed"，这两相在 3～5min 内要显示"OK"。

（7）前接泵压力（Fore Pressure）过几十分钟后所显示的为真实的压力。

（8）在"Instrument/Set Temperature"里设定离子源的温度为 250℃。

（9）MS-Transfer 温度调节在 GC 面板上的 AUX/Temperature Zone-250℃。

（10）检查"Carrier"里的"Vacuum Comp"（真空补偿）是否打开（如果处在 OFF 位置，则真空就很难被抽下去）。

（11）等待仪器真空度在 50～60mTorr❶及以下。

---

❶ 1mTorr=0.13Pa。

（二）Xcalibur 使用

1. 仪器设置（Instrument Setup）

（1）打开 Xcalibur 软件。

（2）点击"Instrument Setup"，设置自动进样器、气相色谱、质谱部分的参数。

2. 设置 Sequence 自动进样列表

3. 定性分析模块（Qual Browser）

（1）打开文件　常用的打开文件分为两种，第一种打开单一文件；第二种以"Sequence"形式打开文件，同一个"Sequence"里的所有文件会列在右端的列表中，点击便可打开。

（2）查看谱图　查看相应的色谱图或质谱图，需要将其激活才可以进行操作。

（3）色谱峰积分　将色谱图部分激活，点击"积分键"进行积分，将鼠标放于色谱窗口中点击右键，选择最后一项"Display Options"，选择"Labels"，将对应显示信息勾选上，点击"OK"，便可查看相关信息。

（4）提取离子色谱图　将鼠标放于色谱窗口中点击右键，选择倒数第二项"Ranges"，选择相应离子进行显示。

4. 数据处理（Processing Setup）

（1）定量分析　打开"Processing Setup"，编辑样品定量的方法，生成"*.pmd"的数据处理文件，保存；打开"Sequence Setup"，编辑样品批处理方法，生成"*. sld"的序列文件，保存后运行批处理方法；在"Qual Browser"中打开上步保存的序列名称，查看样品的定量结果。

（2）定性分析　打开"Processing Setup"，编辑样品定性的方法（包括定性参数和报告的编辑），生成"*.pmd"的数据处理文件，保存；打开"Sequence Setup"，编辑样品批处理方法，生成"*.sld"的序列文件，保存后运行批处理方法；在"Qual Browser"中打开上步保存的序列名称，查看样品的定性结果。

（三）关机

桌面上双击"DSQ Tune"，"Instrument"下选"Set Temperature"设定为 100℃，"Heaters"下查看温度降到175℃以下（以接近100℃为最佳）后，到"Instrument"下激活"Shut Down"，过10min 等分子涡轮泵的转速慢慢降下来以后，关稳压电源，关气。

十一、依利特 EC2000 高效液相色谱仪

（1）打开 LU230、P230、ZW230、EC2000 电源，打开电脑，按下 LU230 面板上"外控"按钮，外控绿灯亮。

（2）打开电脑桌面上的 EC2000-DAD-LU，单击工作界面"文件"，选择"新建方法"，单击方法［M］，在梯度控制中选择高压梯度泵类型：EliteP230，添加流量值。低压梯度：设置梯度洗脱参数，添加所需泵的比例。点击确定。单击右下角"启动数据采集"，把泵比例

传到 LU230 后再单击"结束当前数据采集",关掉当前界面。

（3）打开电脑桌面上的 EC2000-DAD-LU,设置方法。

（4）拧开 P230"冲洗泵开关"按钮,抽出流动相中的气泡,并按冲洗键。关抽气开关,开 LU230 后面的脱气开关,直到脱气灯变绿再单击 P230 的运行键。

（5）点击 EC2000-DAD-LU 界面上的"进入 DAD 数据采集窗口",点击数据采集,启动基线检测,打开检测器,监测基线平稳后方可做实验。

（6）关机。实验结束后设置冲柱程序洗柱子,然后点击 P230 的停止键,关闭 DAD230、LU230、P230、ZW230 电源,关脱气开关,关闭 EC2000 电源开关,关电脑电源。

第二章 | 化学分析实验

实验1 分析天平的称量练习

一、实验目的

课前预习报告导学　课件　视频

1. 了解FA2004型电子分析天平的原理及构造。
2. 掌握分析天平的使用方法。
3. 掌握分析天平的称量方法。
4. 培养学生运用有效数字，准确简明记录实验数据的习惯。

二、实验原理

电子分析天平采用了电磁力自动补偿电路原理，当称量盘加载时（不超过天平的称量范围），电磁力会将称量盘推回到原来的平衡位置，使电磁力与被称物体的重力相平衡。即载重时和空载时流过的电流有一个增值，增值与电磁模拟信号成正比，模拟信号转变成数字信号显示在显示屏上。

电子分析天平使用时直接称量，全量程不需砝码，放上被称量物后，在几秒钟内即达到平衡，显示读数。称量速度快，精度高。其独有的去皮功能使称量更为简便、快速，单次试样的称量时间大大缩短。

三、试剂和仪器

1. 试剂

Al_2O_3（s，AR）。

2. 仪器

分析天平；200g标准砝码；镊子；台秤；称量瓶；锥形瓶或小烧杯；洗瓶。

四、实验内容

（一）校准天平

按"TARE"键清零，待天平稳定后，按"CAL"键，显示"C"后，用镊子轻轻放校准砝码至称量盘中心，关上玻璃门约 30 秒后，显示校准砝码值，听到"嘟"一声后，取出校准砝码，天平校准完毕。

（二）直接称量法

称量完整称量瓶总质量，分别称量称量瓶的瓶盖和瓶的质量。要求：完整称量瓶总质量与瓶盖和瓶身两者质量之和，相差不能超过±0.3mg 方可进行下一步实验。

（三）递减法

精确称取下述范围 Al_2O_3 试样各三份于锥形瓶中。

0.4～0.5g；0.20～0.25g；0.10～0.13g。

1. 取三只洁净的锥形瓶，编号 1、2、3。

2. 将装有 Al_2O_3 的称量瓶放在天平上，按去皮键，此时显示屏显示 0.0000g。

3. 从称量瓶中倾出一定量的 Al_2O_3 于烧杯中，将称量瓶放入天平上，再称其质量，不考虑负号，此时显示值的绝对值即为取出试样的质量。如果质量小于称量范围，可以继续敲出部分试样，直至它的质量在所需要的范围内即可。如果取出的试样过多，超出称量范围的上限，则称量失败，不计数，按去皮键，重新进行称量。

4. 重复步骤 2 和步骤 3，称量余下两份的 Al_2O_3。

五、数据记录与处理

项目	质量/g		
称量瓶的质量/g			
称量瓶身的质量/g			
称量瓶盖的质量/g			
称取 Al_2O_3 0.4～0.5g			
称取 Al_2O_3 0.20～0.25g			
称取 Al_2O_3 0.10～0.13g			

六、注意事项

1. 称量瓶每次用完洗干净放回烘箱。

2. 称量前一定要粗称，以免浪费药品。

3. 学生在进行同一个实验时尽可能地使用同一台天平，避免引起误差。

4. 填写天平使用记录。

课后参考
答案

七、思考题

1. 递减法称样是怎样进行的？增量法的称样是怎样进行的？它们各有什么优缺点？宜在何种情况下使用？

2. 采用递减法，在称量过程中能否用小勺取样？为什么？

3. 电子分析天平的"去皮"称量是怎样进行的？

实验 2　滴定分析操作练习

课前预习报告导学　　课件

一、实验目的

1. 初步掌握滴定管的使用方法，练习滴定操作。
2. 掌握盐酸和氢氧化钠标准溶液的配制方法。
3. 熟悉甲基橙和酚酞指示剂的使用和终点颜色变化，初步掌握酸碱指示剂的选择方法。

二、实验原理

滴定分析是将一种已知浓度的标准溶液滴加到被测试样中，直到化学反应完全，然后根据标准溶液的浓度和体积求得被测试样中组分含量的一种方法。实验室常用的盐酸标准溶液和氢氧化钠标准溶液之间的化学反应如下：

$$HCl+NaOH \!=\!\!= NaCl+H_2O$$

0.1mol/L HCl 和 0.1mol/L NaOH 相互滴定时，化学计量点时的 pH 为 7.0，滴定的 pH 突跃范围为 4.3～9.7，选用在突跃范围内变色的指示剂可保证测定有足够的准确度。在这一范围中可采用甲基橙（变色范围 pH 3.1～4.4）、甲基红（变色范围 pH 4.4～6.2）和酚酞（变色范围 pH 8.0～9.6）等指示剂来指示终点。当浓度一定的 NaOH 和 HCl 相互滴定时，所消耗的体积比 V_{NaOH}/V_{HCl} 应是固定的。也就是说，在使用同一滴定剂的情况下，改变被滴溶液的体积，消耗的体积比 V_{NaOH}/V_{HCl} 应该保持不变。

三、试剂和仪器

1. 试剂

NaOH（s，AR）；浓盐酸（密度 1.19g/mL，AR）；0.1%甲基橙（MO）水溶液；0.2%酚酞（PP）乙醇溶液。除指示剂外，定量分析中所用试剂一般为分析纯，水为一次蒸馏水或离子交换水（后同）。

2. 仪器

酸式滴定管；碱式滴定管；容量瓶；移液管；试剂瓶（其中一个具有橡胶塞或塑料塞）；锥形瓶；烧杯；量筒；洗瓶；玻璃棒；滴管。

四、实验内容

（一）溶液配制

1. 配制 500mL 0.1mol/L NaOH 溶液

用洁净的小烧杯在台秤上称取固体 NaOH 2.0g，加入约 50mL 蒸馏水，使 NaOH 全部溶解，稍冷后用量筒取蒸馏水稀释，使其体积为 500mL，转入试剂瓶中，用橡皮塞塞好瓶口，充分摇匀，贴上标签。

2. 配制 500mL 0.1mol/L HCl 溶液

在通风橱中用洁净的小量筒量取浓盐酸 4.2mL，倒入烧杯中（预先装入一定体积的水），水洗量筒 2～3 次，洗涤液均转入烧杯中，最后加水稀释至 500mL 左右，搅拌均匀，转入试剂瓶，盖好玻璃塞，贴上标签。

（二）滴定管的操作练习和终点判断

滴定管检漏合格并洗涤完毕后，用待装入的 HCl 溶液或 NaOH 溶液分别润洗酸式、碱式滴定管 3 次（每次 8～10mL）后，装入相应的滴定剂，排尽气泡，将管内液面调至零刻度线或稍下处。再将其他所需容器洗涤干净。

1. NaOH 溶液滴定 HCl

从酸式滴定管放出 20.00mL HCl 溶液于 250mL 锥形瓶中，加入 1～2 滴酚酞指示剂，摇匀。然后用 NaOH 标准溶液滴定，溶液由无色变为微红色，此微红色保持 30 秒钟不褪色即为终点。再加入少量的 HCl 溶液至溶液由微红变为无色，然后用 NaOH 溶液滴定，溶液变为微红色即为终点。如此反复练习，掌握滴定操作和终点的观察。

2. HCl 溶液滴定 NaOH

由碱式滴定管放出 20.00mL NaOH 溶液于 250mL 锥形瓶中，再加 1～2 滴甲基橙指示剂，摇匀。然后用 HCl 溶液滴定。滴定时不停地摇动锥形瓶，溶液由黄色变为橙色即为滴定终点，再加入少量的 NaOH 标准溶液至溶液呈黄色，然后用 HCl 溶液慢慢地滴定至溶液刚好由黄色变为终点时的橙色。如此反复练习，掌握滴定操作和终点的观察。

3. NaOH 和 HCl 溶液体积比 V_{NaOH}/V_{HCl} 的测定

（1）取一只 250mL 锥形瓶，加入 25.00mL NaOH 溶液，加 1～2 滴甲基橙指示剂，用 HCl 溶液滴定至溶液刚好由黄色变为橙色即为滴定终点，准确记录所消耗的 HCl 溶液体积。求酸碱溶液的体积比 V_{NaOH}/V_{HCl}。平行滴定三份。

（2）取一只 250mL 锥形瓶，加入 25.00mL HCl 溶液，加 2 滴酚酞指示剂，用 NaOH 溶液滴定至溶液呈微红色，且保持 30 秒不褪色即为滴定终点，准确记录所消耗的 NaOH 溶液体积。平行滴定三份。求酸碱溶液的体积比 V_{NaOH}/V_{HCl}。

五、数据记录与处理

项目	1	2	3
V_{HCl} 终点读数/mL			
V_{HCl} 初始读数/mL			
ΔV_{HCl}/mL			
V_{NaOH} 终点读数/mL			
V_{NaOH} 初始读数/mL			
ΔV_{NaOH}/mL			
V_{NaOH}/V_{HCl}			
V_{NaOH}/V_{HCl} 的平均值			
$\mid d_i \mid$			
相对平均偏差/%			

六、注意事项

1. 玻璃器皿小心轻放，以免损坏。
2. 滴定管操作要先润洗，后装入操作液，再赶气泡，调零。
3. 规范实验操作，注意观察终点前后颜色的变化。

课后参考
答案

七、思考题

1. 滴定管和移液管在使用前为什么要用待装入的溶液充分润洗内壁？所用的锥形瓶是否也应这样处理或烘干后再使用？
2. 配制 NaOH 溶液和 HCl 溶液时，试剂只用台秤称取或用量筒量取，这样做是否不够准确？加水时需要很准确吗？
3. 用 NaOH 溶液滴定酸性溶液，用酚酞作指示剂时，为什么要强调滴定至溶液呈微红色且 30 秒不褪去即为终点？使溶液的红色褪去的原因是什么？

实验 3 氢氧化钠标准溶液的配制和标定

一、实验目的

课前预习报告导学　　　课件　　　视频

1. 进一步练习酸碱滴定的基本操作。
2. 巩固用递减法称量固体物质。
3. 掌握 NaOH 标液的配制和标定方法。

二、实验原理

由于固体 NaOH 易吸收空气中 CO_2 和水分，NaOH 标准溶液只能配成近似浓度的溶液，然后用基准物质标定其准确浓度。常用的基准物质有草酸、苯甲酸、邻苯二甲酸氢钾（KHP）等，通常用邻苯二甲酸氢钾标定 NaOH 滴定液，标定反应如下：

$$HOOCC_6H_4COOK+NaOH\Longrightarrow NaOOCC_6H_4COOK+H_2O$$

计量点时，生成的弱酸强碱盐水解，溶液为碱性，采用酚酞作指示剂。按下式计算 NaOH 滴定液的浓度：

$$c_{NaOH}=\dfrac{\dfrac{m_{KHP}}{M_{KHP}}}{V_{NaOH}}$$

三、试剂和仪器

1. 试剂

NaOH（固体）；邻苯二甲酸氢钾（KHP，基准试剂或者分析纯）；2g/L 酚酞乙醇溶液。

2. 仪器

碱式滴定管；锥形瓶；烧杯；容量瓶；台秤；分析天平；称量瓶；洗瓶。

四、实验内容

（一）250mL 0.1mol/L NaOH 标准溶液的配制

用台秤称取 NaOH 固体 1g 于烧杯中，加入 250mL 的纯水，搅匀备用。

（二）NaOH 溶液的标定

用分析天平准确称取 0.4～0.5g 邻苯二甲酸氢钾于 250mL 锥形瓶中，用 20～30mL 水溶解后，加酚酞指示剂 1～2 滴，用待标定的 NaOH 溶液滴至微红色，半分钟内不褪色，即达终点。平行标定三份，计算 NaOH 溶液的浓度，其相对标准偏差应不大于 0.2%。

五、数据记录与处理

准确记录基准物质的称量质量，NaOH 标准溶液的消耗体积，进行 NaOH 标准溶液浓度、相对平均偏差的计算并列表表示。

项目	1	2	3
m_{KHP}/g			
V_{NaOH} 终读数/mL			
V_{NaOH} 初读数/mL			
V_{NaOH}/mL			
c_{NaOH}/（mol/L）			
c_{NaOH} 的平均值/（mol/L）			
$\lvert d_i \rvert$			
相对平均偏差/%			

六、注意事项

1. 固体氢氧化钠应放在表面皿上或小烧杯中称量，不能在称量纸上称量，因为氢氧化钠极易吸潮，因而称量速度应尽量快。
2. 滴定前，应检查橡胶管内和滴定管尖处是否有气泡，如有气泡，应排出。否则影响其读数，会给测定带来误差。
3. 盛放基准物的 3 个锥形瓶应编号，以免混淆，防止过失误差。
4. 邻苯二甲酸氢钾常温下溶解得比较慢，可以稍微加热。

课后参考
答案

七、思考题

1. 溶解基准物质时需加入 20～30mL 水，是用量筒取还是用移液管取？为什么？
2. 如果基准物质邻苯二甲酸氢钾未烘干，标准溶液浓度的标定结果偏高还是偏低？请阐述原因。
3. 待标定的 NaOH 装入碱式滴定管前，为什么要用此溶液润洗 2～3 遍？

实验 4　氮肥中氮含量的测定（甲醛法）

课前预习报告导学　　课件　　视频

一、实验目的

1. 学习铵盐中氮含量测定的基本原理和方法。
2. 了解酸碱滴定的应用。

二、实验原理

氮肥 NH_4Cl 和（NH_4）$_2SO_4$ 是常用的氮肥，系强酸弱碱盐，由于 NH_4^+ 的酸性太弱（$K_a=5.6\times10^{-10}$），不能用 NaOH 标准溶液直接滴定，生产和实验中广泛采用甲醛法测定铵盐中的氮含量。

甲醛法是基于铵盐与甲醛作用，生成六亚甲基四胺酸（$K_a=7.1\times10^{-6}$）和定量的强酸，反应方程和相应的计量关系如下所示：

$$4NH_4^+ + 6HCHO == (CH_2)_6N_4H^+ + 3H^+ + 6H_2O$$

$$4mol\ NH_4^+ \backsim 3mol\ H^+ + 1mol\ (CH_2)_6N_4H^+$$

可采用 NaOH 标准溶液进行滴定，计量点的产物为（CH_2）$_6N_4$，其水溶液显弱碱性，选用酚酞作为指示剂。氮百分含量计算公式如下：

$$w_N = \frac{(cV)_{NaOH} \times 14.01}{m_{称} \times \dfrac{25.00}{250.0}} \times 100\%$$

三、试剂和仪器

1. 试剂

（NH_4）$_2SO_4$（AR）；2g/L 酚酞乙醇溶液；40%甲醛溶液；已知准确浓度的 NaOH 标准溶液。

2. 仪器

碱式滴定管；锥形瓶；烧杯；容量瓶；分析天平；移液管；台秤；称量瓶；洗瓶；量筒。

四、实验内容

准确称取 1.3～1.6g（NH_4）$_2SO_4$ 试样放入 100mL 烧杯中，加 30mL 水溶解。将溶液定量

转移至 250mL 容量瓶中，用水稀释至刻度，摇匀。

用移液管移取 25.00mL 试样于锥形瓶中，加入 5mL 中性甲醛溶液，1~2 滴酚酞指示剂，摇匀，静置 1min 后，用已知准确浓度的 NaOH 标准溶液滴定至溶液呈淡红色且半分钟不褪色，平行测三次，计算 w_N 及相对平均偏差。

五、数据记录与处理

准确记录待测样品（NH₄）₂SO₄ 的称量质量，NaOH 标准溶液的消耗体积，进行氮肥中氮的质量分数、相对平均偏差的计算并列表表示。

项目	1	2	3
$m_{(NH_4)_2SO_4}$/g			
V_{NaOH} 终读数/mL			
V_{NaOH} 初读数/mL			
ΔV_{NaOH}/mL			
w_N/%			
w_N 的平均值/%			
$\mid d_i \mid$			
相对平均偏差/%			

六、注意事项

1. 甲醛中常含有微量甲酸，应预先以酚酞为指示剂，用 NaOH 溶液中和至溶液呈淡红色。

2. 加入甲醛溶液之后，一定要静置一段时间使反应进行完全。

课后参考
答案

七、思考题

1. 铵盐中氮的测定为何不采用 NaOH 直接滴定法？

2. 为什么中和甲醛试剂中的甲酸以酚酞作指示剂，而中和铵盐试样中的游离酸则以甲基红作指示剂？

3. NH₄HCO₃ 中含氮量的测定，能否用甲醛法？

实验5　盐酸标准溶液的配制和标定

课前预习报告导学　　　　课件　　　　视频

一、实验目的

1. 掌握用无水碳酸钠作基准物质标定盐酸溶液的原理和方法。
2. 正确判断甲基橙指示剂的滴定终点。

二、实验原理

市售浓盐酸为无色透明的 HCl 水溶液，HCl 含量为 36%～38%（质量分数），密度约为 1.18g/mL。由于浓盐酸易挥发放出 HCl 气体，直接配制准确度差，因此配制盐酸标准溶液时需用间接配制法。

标定盐酸的基准物质常用无水碳酸钠和硼砂等，本实验以无水碳酸钠为基准物质，用 Na_2CO_3 标定时反应为：

$$2HCl+Na_2CO_3 \!=\!=\! 2NaCl+H_2O+CO_2\uparrow$$

滴定至反应完全时，溶液 pH 为 3.89，通常选用甲基橙作指示剂，终点颜色由黄色变为橙色。HCl 标准溶液浓度计算公式如下：

$$c_{HCl} = \frac{2 \times \dfrac{m_{Na_2CO_3}}{M_{Na_2CO_3}} \times \dfrac{25.00}{250.0}}{V_{HCl}}$$

三、试剂和仪器

1. 试剂

浓盐酸（AR）；无水碳酸钠（基准物质）；甲基橙（1g/L 水溶液）。

2. 仪器

分析天平；酸式滴定管；锥形瓶；量筒；吸量管；烧杯；容量瓶；台秤；称量瓶；加热套；洗瓶。

四、实验内容

（一）250mL 0.1mol/L HCl 溶液的配制

用量筒量取 2.1mL 浓盐酸加入烧杯后，再加入 250mL 的纯水。

（二）HCl 溶液的标定

准确称取 1.0～1.2g 无水 Na_2CO_3 于小烧杯中溶解,定量转移入 250mL 容量瓶中,定容。用 25.00mL 移液管移取三份,分别置于三个锥形瓶中,加入 1～2 滴甲基橙,用 HCl 溶液滴至由黄色变为橙色。

五、数据记录与处理

准确记录基准物质的称量质量、HCl 标准溶液的消耗体积,进行 HCl 标准溶液浓度、相对平均偏差的计算并列表表示,其相对标准偏差应不大于 0.2%。

项目	1	2	3
$m_{Na_2CO_3}$/g			
V_{HCl} 终读数/mL			
V_{HCl} 初读数/mL			
ΔV_{HCl}/mL			
c_{HCl}/（mol/L）			
c_{HCl} 的平均值/（mol/L）			
$|d_i|$			
相对平均偏差/%			

六、注意事项

1. 干燥至恒重的无水碳酸钠有吸湿性,因此在标定中精密称取基准物质无水碳酸钠时,宜将称量瓶加盖密闭,并迅速完成称量过程。

2. 在滴定过程中产生的二氧化碳使终点变色不够敏锐,因此,在溶液滴定进行至临近终点时,应将溶液加热煮沸或剧烈摇动,以除去二氧化碳,待冷至室温后,再继续滴定。

七、思考题

1. 如何计算称取 Na_2CO_3 的质量范围?称得太多或太少对标定有何影响?
2. 若基准物质 Na_2CO_3 未干燥,对标定结果有何影响?请阐述原因。

课后参考

答案

实验 6　双指示剂法测定混合碱的组成和含量

一、实验目的

课前预习报告导学　　课件　　视频

1. 学习用双指示剂法判断混合碱的组成。
2. 掌握测定混合碱含量的原理和方法。

二、实验原理

混合碱是 Na_2CO_3 与 NaOH 或 Na_2CO_3 与 $NaHCO_3$ 的混合物，可采用双指示剂法进行分析，测定各组分的含量。

在混合碱中先加入酚酞指示剂，用 HCl 标液滴至溶液呈微红色，此时消耗 HCl 的体积为 V_1（mL）：

$$NaOH + HCl = NaCl + H_2O$$
$$Na_2CO_3 + HCl = NaCl + NaHCO_3$$

再加入甲基橙指示剂，继续用 HCl 标液滴定至溶液由黄色变为橙色，又消耗 HCl 的体积为 V_2（mL）：

$$NaHCO_3 + HCl = NaCl + H_2O + CO_2 \uparrow$$

若 $V_2 > V_1$，混合碱组成为 $Na_2CO_3 + NaHCO_3$。

$$w_{Na_2CO_3} = \frac{V_1 c_{HCl} \times \dfrac{M_{Na_2CO_3}}{1000}}{\dfrac{m_s}{250.0} \times 25.00} \times 100\%$$

$$w_{NaHCO_3} = \frac{(V_2 - V_1) c_{HCl} \times \dfrac{M_{NaHCO_3}}{1000}}{\dfrac{m_s}{250.0} \times 25.00} \times 100\%$$

若 $V_1 > V_2$，混合碱组成为 $Na_2CO_3 + NaOH$。

$$w_{Na_2CO_3} = \frac{V_2 c_{HCl} \times \dfrac{M_{Na_2CO_3}}{1000}}{\dfrac{m_s}{250.0} \times 25.00} \times 100\%$$

$$w_{NaOH} = \frac{(V_1 - V_2) c_{HCl} \times \dfrac{M_{NaOH}}{1000}}{\dfrac{m_s}{250.0} \times 25.00} \times 100\%$$

若 $V_1=V_2$，混合碱的组成为 Na_2CO_3。

若 $V_1=0$ 且 $V_2>0$，混合碱的组成为 $NaHCO_3$。

若 $V_1>0$ 且 $V_2=0$，混合碱的组成为 $NaOH$。

如仅需要测定混合碱的总碱度，不用确定其具体成分，则只需要加入甲基橙一种指示剂，用 HCl 标准溶液滴定至终点时，消耗的体积应为 V_1+V_2，并将混合碱折合成 Na_2O 的含量来计算其总碱度。计算公式如下：

$$w_{Na_2O} = \frac{\frac{1}{2}(V_1+V_2)\ c_{HCl} \times M_{Na_2O}}{m_{称} \times \frac{25.00}{250.0}} \times 100\%$$

三、试剂和仪器

1. 试剂

已知准确浓度的 HCl 标准溶液；混合碱试样；酚酞指示剂（2g/L 酚酞乙醇溶液）；甲基橙指示剂（甲基橙 1g/L 水溶液）。

2. 仪器

分析天平；酸式滴定管；锥形瓶；吸量管；烧杯；容量瓶；台秤；分析天平；称量瓶；洗瓶。

四、实验内容

在分析天平上准确称取混合碱试样 1.4～1.7g 左右，在容量瓶中配成 250mL 溶液，用移液管移取 25.00mL 混合碱试液于 250mL 锥形瓶中，加 2～3 滴酚酞，以 0.10mol/L HCl 标液滴定至溶液由红色变为微红色，为第一终点，记下 HCl 消耗的体积 V_1；再加入 1 滴甲基橙，继续用 HCl 标液滴定至溶液由黄色恰变为橙色，为第二终点，记下第二次用去 HCl 的体积 V_2，平行测定三次。

五、数据记录与处理

准确记录混合碱试样的称量质量、HCl 标准溶液的消耗体积，进行混合碱组成的判断，计算混合碱各组分含量、相对平均偏差并列表表示。

项目	1	2	3
混合碱质量/g			
V_1/mL			
V_2/mL			
混合碱的组成			

续表

项目	1	2	3
组分 1/%			
组分 1 的平均值/%			
$|d_i|$			
相对平均偏差/%			
组分 2/%			
组分 2 的平均值/%			
$|d_i|$			
相对平均偏差/%			

六、注意事项

1. 此方法为双指示剂法，同一份试样滴定中间不需要装液。

2. 滴定速度不宜过快，近终点时每加一滴后摇匀，至颜色稳定后再加第二滴，否则因颜色变化较慢容易过量，特别是第一终点到达前。

3. 第一终点的颜色是粉红色，接近无色，如果颜色较红将引起比较大的误差。

七、思考题

课后参考
答案

1. 用双指示剂法测定混合碱组成的方法原理是什么？

2. 采用双指示剂法测定混合碱，在同一份溶液中测定，试判断下列五种情况下，混合碱中存在的成分是什么？

（1）$V_1=0$；（2）$V_2=0$；（3）$V_1>V_2$；（4）$V_1<V_2$；（5）$V_1=V_2$。

3. 测定混合碱中总碱度，应选用何种指示剂？终点如何变色？

4. 测定混合碱，接近第一化学计量点时，若滴定速度太快，摇动锥形瓶力度不够，致使滴定液 HCl 局部过浓，会对测定造成什么影响？为什么？

实验 7　EDTA 标准溶液的配制和标定

课前预习报告导学　　　　课件　　　　视频

一、实验目的

1. 掌握 EDTA 标准溶液的配制和标定方法。
2. 掌握铬黑 T 指示剂的应用条件和终点颜色变化。

二、实验原理

乙二胺四乙酸（简称 EDTA，常用 H_4Y 表示）难溶于水，常温下其溶解度为 0.2g/L，在分析中不适用，通常使用其二钠盐配制标准溶液。乙二胺四乙酸二钠的溶解度为 120g/L，可配成 0.3mol/L 以上的溶液，其水溶液 pH≈4.4，通常采用间接法配制标准溶液。

标定 EDTA 溶液常用的基准物有 Zn、ZnO、$CaCO_3$、Bi、Cu、$MgSO_4 \cdot 7H_2O$、Hg、Ni、Pb 等。通常选用其中与被测组分相同的物质作基准物，这样滴定条件较一致。

EDTA 溶液若用于测定井水中 Ca^{2+}、Mg^{2+} 的含量，则宜用 $CaCO_3$ 为基准物。首先可加 HCl 溶液与之作用，其反应如下：

$$CaCO_3+2HCl=\!=\!=CaCl_2+H_2O+CO_2\uparrow$$

然后把溶液转移到容量瓶中并稀释，制成钙标准溶液。吸取一定量钙标准溶液，调节酸度至 pH≈10，用铬黑 T 作指示剂以 EDTA 滴定至溶液从酒红色变为纯蓝色，即为终点，其变色原理如下：

滴定前：$Ca^{2+}+EBT\longrightarrow Ca\text{-}EBT$（紫红色络合物）

滴定开始至化学计量点前：$Ca^{2+}+Y^{2-}\longrightarrow Ca\text{-}Y$

计量点处：$Ca^{2+}\text{-}EBT+Y^{2-}\longrightarrow Ca\text{-}Y+EBT$（纯蓝色）

EDTA 标准溶液浓度计算公式为：

$$c_{EDTA}=\cfrac{\cfrac{m_{CaCO_3}}{M_{CaCO_3}}\times\cfrac{25.00}{250.0}}{V_{EDTA}}$$

三、试剂和仪器

1. 试剂

乙二胺四乙酸二钠（EDTA-2Na，AR）；碳酸钙（优级纯）；1∶1 HCl 溶液；铬黑 T 指示剂（5g/L 的水溶液）；氨性缓冲溶液（pH≈10，20g NH_4Cl 和 100mL 浓氨水，用水稀释至 1L）。

2. 仪器

酸式滴定管；锥形瓶；吸量管；烧杯；容量瓶；台秤；分析天平；称量瓶；量筒；洗瓶。

四、实验内容

（一）500mL 0.02mol/L EDTA 溶液的配制

在台秤上称取 4g 乙二胺四乙酸二钠于烧杯中，加水溶解稀释至 500mL。贴上标签，保存。

（二）EDTA 溶液的标定

准确称取在 120℃烘干的 CaCO₃ 0.50～0.55g 一份，置于小烧杯中，用少量蒸馏水润湿，盖上表面皿。缓慢加 1∶1 HCl 溶液 10～20mL，加热溶解后，定量地转入 250mL 容量瓶中，定容后摇匀，移取 25.00mL 注入锥形瓶中，加 20mL NH₃-NH₄Cl 缓冲溶液，铬黑 T 指示剂 2～3 滴。用待标定的 EDTA 溶液滴定到紫红色变为纯蓝色即终点，平行滴定三次。计算 EDTA 的浓度。

五、数据记录与处理

准确记录基准物质的称量质量，EDTA 标准溶液的消耗体积，进行 EDTA 浓度、相对平均偏差的计算并列表表示。

项目	1	2	3
m_{CaCO_3}/g			
V_{EDTA} 终读数/mL			
V_{EDTA} 初读数/mL			
ΔV_{EDTA}/mL			
EDTA 的浓度/（mol/L）			
EDTA 浓度的平均值/（mol/L）			
$\lvert d_i \rvert$			
相对平均偏差/%			

六、注意事项

注意配位滴定与酸碱滴定的区别，滴定操作注意滴定速度。配位反应的速度较慢（不像酸碱反应能在瞬间完成），故滴定时加入 EDTA 的速度不能太快。特别是临近终点时，应逐滴加入，并充分振摇。

课后参考答案

七、思考题

1. 为什么通常使用乙二胺四乙酸二钠配制 EDTA 标准溶液，而不用乙二胺四乙酸？
2. 以 HCl 溶液溶解 $CaCO_3$ 基准物时，操作中应注意些什么？
3. 配位滴定中为什么加入缓冲溶液？

实验8 自来水总硬度的测定

课前预习报告导学　　　　课件　　　　视频

一、实验目的

1. 掌握配位滴定测定水硬度的原理和方法。
2. 了解水的硬度的测定意义和常用的表示方法。

二、实验原理

一般含有较多 Ca^{2+}、Mg^{2+} 盐类的水叫硬水，有暂时硬度和永久硬度之分。

暂时硬度——水中含有钙、镁的酸式碳酸盐，通过加热可以去除。

$$Ca(HCO_3)_2 \xrightarrow{\triangle} CaCO_3\downarrow + H_2O + CO_2\uparrow$$

$$Mg(HCO_3)_2 \xrightarrow{\triangle} MgCO_3\downarrow + H_2O + CO_2\uparrow$$

$$\downarrow + H_2O$$

$$Mg(OH)_2\downarrow + CO_2\uparrow$$

永久硬度——水中含有钙镁的硫酸盐、氯化物、硝酸盐。

暂时硬度和永久硬度的总和称为"总硬度"。

水的总硬度测定一般采用配位滴定，用 EDTA 滴定 Ca^{2+}、Mg^{2+} 总量，应在 pH≈10 的氨缓冲溶液中进行，用铬黑 T 作指示剂，铬黑 T 与 Ca^{2+}、Mg^{2+} 形成紫红色配合物，在 pH≈10 时，铬黑 T 为纯蓝色，因此，终点时溶液颜色自紫红色变为纯蓝色。

滴定过程中，Fe^{3+}、Al^{3+} 的干扰用三乙醇胺掩蔽，Cu^{2+}、Pb^{2+}、Zn^{2+} 等金属离子用 KCN、Na_2S 掩蔽。

水的硬度有多种表示方法，常以水中 Ca、Mg 总量换算为 CaO 含量的方法表示，随各国的习惯有所不同。

1. 以水中 CaO 的浓度（ppm❶）计，即相当于每升水中含有多少毫克 CaO。

$$总硬度（mg/L，CaO）= \frac{(cV)_{EDTA} \times M_{CaO}}{V_{水}} \times 1000$$

2. 以度表示，$1° = 10ppm\ CaO$，相当于 10 万份水中含 1 份 CaO。

$$总硬度（°）= \frac{(cV)_{EDTA} \times M_{CaO}}{V_{水}} \times 100$$

---

❶ 1ppm=1mg/L。

三、试剂和仪器

1. 试剂

已知准确浓度的 EDTA 标准溶液；自来水样；铬黑 T 指示剂（5g/L 的水溶液）；氨性缓冲溶液（pH≈10，20g NH_4Cl 和 100mL 浓氨水；用水稀释至 1 L）；三乙醇胺溶液。

2. 仪器

酸式滴定管；锥形瓶；吸量管；烧杯；容量瓶；分析天平；称量瓶。

四、实验内容

取 100.0mL 自来水水样注入锥形瓶中，加 1∶1 的 HCl 酸化水样，煮沸除去 CO_2，冷却后，加入 5mL 三乙醇胺溶液、5mL NH_3-NH_4Cl 缓冲液、2～3 滴铬黑 T 指示剂，用 EDTA 标准溶液滴定至溶液由紫红色变为纯蓝色即终点，平行滴定三次。

五、数据记录与处理

准确记录 EDTA 标准溶液的消耗体积，进行水的总硬度（以含有 CaO 的量表示）、相对平均偏差的计算并列表表示。

项目	1	2	3
水样体积 $V_{水}$/mL			
V_{EDTA} 终读数/mL			
V_{EDTA} 初读数/mL			
ΔV_{EDTA}/mL			
井水总硬度/（°）			
井水总硬度的平均值/（°）			
$|d_i|$			
相对平均偏差/%			

六、注意事项

1. 铬黑 T 与 Mg^{2+} 显色的灵敏度高，与 Ca^{2+} 显色的灵敏度低，当水样中 Ca^{2+} 含量很高而 Mg^{2+} 含量很低的时候往往达不到灵敏的终点。可在水样中加入少许的 Mg-EDTA，利用置换滴定法来提高终点变色的灵敏度。

2. 本实验用的是自来水，由于自来水管道是铁制的，所以要使用三乙醇胺掩蔽 Fe^{3+}、Al^{3+}，三乙醇胺加入时须在 pH<4 的环境下，摇动后再调节 pH 至滴定酸度。

3. 井水水样直接采用实验室自来水。

七、思考题

课后参考答案

1. 用 EDTA 配位滴定法怎样测出水的总硬度？用什么指示剂？产生什么反应？终点如何变色？试液的 pH 应控制在什么范围？如何控制？单独测定钙的含量应如何操作？

2. 用 EDTA 法测定水的总硬度，哪些离子存在干扰？如何消除？

3. 当水样中的 Mg^{2+} 含量低时，以铬黑 T 为指示剂测定水中 Ca^{2+}、Mg^{2+} 总量，终点不明晰，因此常在水中加入少量的 MgY^{2-} 配合物，再用 EDTA 滴定，终点就比较敏锐。这样做对测定结果有无影响？请说明其原理。

实验 9　铅、铋混合液中 Pb^{2+}、Bi^{3+} 的连续滴定

课前预习报告导学　　课件　　视频

一、实验目的

1. 掌握控制溶液的酸度来进行多种金属离子连续滴定的原理和方法。
2. 熟悉二甲酚橙（XO）指示剂的应用。

二、实验原理

Pb^{2+}、Bi^{3+} 与 EDTA 形成配合物的稳定常数为 $K_{PbY}=10^{18.04}$，$K_{BiY}=10^{27.94}$，两者差别较大，有可能利用控制溶液酸度来进行连续滴定，采用二甲酚橙作指示剂。

在测定中，均以二甲酚橙为指示剂，二甲酚橙在 pH<6 时呈黄色，在 pH>6.3 时呈红色；而它与 Bi^{3+}、Pb^{2+} 所形成的络合物呈紫红色，稳定性与 Bi^{3+}、Pb^{2+} 的 EDTA 络合物相比要低，且 $K_{Bi-XO}>K_{Pb-XO}$。

首先在 pH=1 的 HNO_3 介质中，用 EDTA 标准溶液滴定 Bi^{3+} 的含量，试液由紫红色经红、橙变成黄色（此颜色较后一个终点时的亮黄色略深）为第一个终点，因 Pb^{2+} 此时不与二甲酚橙显色而无干扰。待滴定 Bi^{3+} 的反应完成后，加入六亚甲基四胺，调节试液的 pH 为 5~6。此时，Pb^{2+} 与二甲酚橙生成紫红色配合物，溶液又呈现紫红色，以 EDTA 滴定 Pb^{2+} 的含量，终点时溶液由紫红色变为亮黄色。

三、试剂和仪器

1. 试剂

乙二胺四乙酸二钠（$Na_2H_2Y \cdot 2H_2O$，AR）；$ZnSO_4 \cdot 7H_2O$ 基准试剂；0.2%二甲酚橙溶液；20%六亚甲基四胺溶液；0.1mol/L HNO_3 溶液；1:1 HCl 溶液；1:5 HCl 溶液；Bi^{3+}-Pb^{2+} 混合溶液（其中 Bi^{3+}、Pb^{2+} 浓度各为 0.01mol/L，HNO_3 浓度约为 0.15mol/L）。

2. 仪器

酸式滴定管；台秤；分析天平；容量瓶；移液管；锥形瓶；烧杯；量筒；洗瓶；玻璃棒；滴管。

四、实验内容

（一）0.02mol/L EDTA 溶液的配制

称取 2.0g 乙二胺四乙酸二钠于烧杯中，加 250mL 水溶解，转入试剂瓶（如需保存，则

用聚乙烯瓶）中，贴上标签。

（二）EDTA 溶液的标定

准确称取基准试剂 ZnSO₄·7H₂O 1.40～1.45g 1 份，置于 100mL 小烧杯中，加水溶解后，定量地转入 250mL 容量瓶中，定容后摇匀。

移取 25.00mL ZnSO₄·7H₂O 标准溶液于锥形瓶中，加 1∶5 HCl 溶液 2mL，二甲酚橙指示剂 2～3 滴。滴加六亚甲基四胺溶液至试液呈稳定的紫红色后，再过量 5mL，摇匀。用待标定的 EDTA 溶液滴定到紫红色变为亮黄色即终点，平行滴定三次。计算 EDTA 的浓度。

（三）Pb²⁺、Bi³⁺的测定

用移液管准确移取混合液 25.00mL 于锥形瓶中，加 10mL 0.1mol/L HNO₃，二甲酚橙指示剂 2 滴，用 EDTA 标准溶液滴至溶液由紫红色变为亮黄色即终点，记下消耗的 EDTA 体积 V_1。

在上述溶液中滴加六亚甲基四胺至溶液呈紫红色，再多加 5mL，此时溶液的 pH 为 5～6。用 EDTA 标准溶液滴至溶液由紫红色变为亮黄色即终点，记下消耗的 EDTA 体积 V_2（等于 $V_总-V_1$）。

平行测定三次，根据测定结果，分别计算出 Bi³⁺、Pb²⁺的含量，用物质的量浓度表示。

五、数据记录与处理

（1）准确记录 EDTA 标准溶液的消耗体积，进行 EDTA 的浓度、相对平均偏差的计算并列表表示（表 2-1）。

$$c_{EDTA} = \frac{\dfrac{m_{ZnSO_4 \cdot 7H_2O}}{M_{ZnSO_4 \cdot 7H_2O}} \times \dfrac{25.00}{250.0}}{V_{EDTA}}$$

（2）根据测定结果，分别计算出 Bi³⁺、Pb²⁺的含量，用物质的量浓度表示（表 2-2）。

$$c_{Bi^{3+}} = \frac{cV_1}{V_{试样}}$$

$$c_{Pb^{2+}} = \frac{cV_2}{V_{试样}}$$

表 2-1　EDTA 溶液的标定

项目	1	2	3
$m_{ZnSO_4 \cdot 7H_2O}$/g			
V_{EDTA} 终点读数/mL			
V_{EDTA} 初始读数/mL			
ΔV_{EDTA}/mL			
EDTA 的浓度/（mol/L）			
EDTA 浓度的平均值/（mol/L）			
$|d_i|$			
相对平均偏差/%			

表 2-2　铅、铋离子的测定

项目	1	2	3
V_1/mL			
V_2/mL			
$V_总$/mL			
Bi^{3+} 的浓度/（mol/L）			
Bi^{3+} 的浓度的平均值/（mol/L）			
$|d_i|$			
相对平均偏差/%			
Pb^{2+} 的浓度/（mol/L）			
Pb^{2+} 的浓度的平均值/（mol/L）			
$|d_i|$			
相对平均偏差/%			

课后参考答案

六、思考题

1. 能否取等量的 Bi^{3+}、Pb^{2+} 混合溶液，一份控制 pH≈1 滴定 Bi^{3+}，另一份控制 pH 为 5～6 滴定 Bi^{3+}、Pb^{2+} 总量？为什么？

2. 滴定 Pb^{2+} 时要调节溶液 pH5～6，为什么加入六亚甲基四胺而不加入醋酸钠？

实验10 高锰酸钾标准溶液的配制和标定

课前预习报告导学

课件

视频

一、实验目的

1. 掌握 $KMnO_4$ 标准溶液的配制和标定。
2. 掌握自身指示剂的作用原理。
3. 了解深色溶液的读数方法。

二、实验原理

市售的 $KMnO_4$ 常含有少量杂质,如硫酸盐、氯化物及硝酸盐等,因此不能用精确称量的 $KMnO_4$ 来直接配制准确浓度的溶液,$KMnO_4$ 氧化能力强,还易和水中的有机物、空气中的尘埃及氨等还原性物质作用,$KMnO_4$ 能自行分解,见光分解更快。

$$4KMnO_4 + 2H_2O = 4MnO_2\downarrow + 4KOH + 3O_2\uparrow$$

由此可见,$KMnO_4$ 溶液的浓度易改变,配好的 $KMnO_4$ 溶液应进行标定。常用的基准物是 $Na_2C_2O_4$,反应如下:

$$2MnO_4^- + 5C_2O_4^{2-} + 16H^+ = 2Mn^{2+} + 10CO_2\uparrow + 8H_2O$$

$KMnO_4$ 标准溶液浓度计算公式为:

$$c_{KMnO_4} = \frac{\frac{2}{5} \times \frac{m_{Na_2C_2O_4}}{M_{Na_2C_2O_4}} \times \frac{25.00}{250.0}}{V_{KMnO_4}}$$

三、试剂和仪器

1. 试剂

$KMnO_4$(分析纯);$Na_2C_2O_4$(分析纯);3mol/L H_2SO_4 溶液。

2. 仪器

酸式滴定管;锥形瓶;吸量管;烧杯;容量瓶;台秤;分析天平;称量瓶;加热套;量筒;洗瓶。

四、实验内容

(一)300mL 0.02mol/L KMnO₄溶液的配制

在台秤上称取 1.0g 固体 $KMnO_4$ 于烧杯中,加水溶解稀释至300mL,将配制好的 $KMnO_4$

溶液加热至沸腾，贴上标签，保存。

（二）KMnO₄溶液的标定

用分析天平准确称取 1.3～1.6g Na₂C₂O₄ 于小烧杯中，定量转移于 250mL 容量瓶中。用移液管移取配制好的 Na₂C₂O₄ 溶液 25.00mL 于锥形瓶中，加入 10mL 3mol/L H₂SO₄，加热至 70～85℃，用待标定的 KMnO₄ 溶液在搅拌下缓慢滴定，滴定至溶液呈微红色，30s 不褪色，即为终点。在整个滴定过程中，溶液温度不低于 60℃。平行三次。

五、数据记录与处理

准确记录基准物质的称量质量、KMnO₄ 标准溶液的消耗体积，进行 KMnO₄ 浓度、相对平均偏差的计算并列表表示。

项目	1	2	3
$m_{Na_2C_2O_4}$/g			
V_{KMnO_4}终读数/mL			
V_{KMnO_4}初读数/mL			
ΔV_{KMnO_4}/mL			
KMnO₄ 的浓度/（mol/L）			
KMnO₄ 浓度的平均值/（mol/L）			
$|d_i|$			
相对平均偏差/%			

六、注意事项

1. 标定时 KMnO₄，温度控制不低于 60℃（一般为 75～80℃），且不可沸腾，否则 Na₂C₂O₄ 易分解。

2. KMnO₄ 标准溶液装在酸式滴定管里面，读数时视线与上沿最高点平行。

3. Mn²⁺作为催化剂，滴定开始的时候反应比较慢，一定要滴 1 滴摇几下，直到红色消失后再滴第 2 滴。

4. 标定 KMnO₄ 溶液的浓度时，滴定速度不能太快，否则加入的 KMnO₄ 溶液来不及与 Na₂C₂O₄ 反应就会在热的酸性溶液中发生分解：

$$4MnO_4^- + 12H^+ {=\!=\!=} 4Mn^{2+} + 5O_2\uparrow + 6H_2O$$

5. KMnO₄ 的滴定终点不太稳定，是由于空气中含有还原性气体和尘埃，落入溶液中能使 KMnO₄ 慢慢分解，而粉红色消失，所以 30s 不褪色即可认为到达终点。

七、思考题

课后参考答案

1. 配制 $KMnO_4$ 标准溶液时为什么要把 $KMnO_4$ 溶液煮沸一定时间？配好的 $KMnO_4$ 溶液为什么要过滤后才能保存？

2. 滴定时，为什么 $KMnO_4$ 放在酸式滴定管里？

3. 用 $Na_2C_2O_4$ 标定 $KMnO_4$ 时，为什么加热到 $70\sim80℃$？温度过高过低有什么影响？

4. 用 $Na_2C_2O_4$ 标定 $KMnO_4$ 时，滴入 $KMnO_4$ 溶液后红色褪去的速度由慢变快的原因是什么？

实验11　双氧水中过氧化氢含量的测定

课前预习报告导学　　课件　　视频

一、实验目的

掌握 KMnO$_4$ 法测定双氧水中 H$_2$O$_2$ 含量的原理和方法。

二、实验原理

双氧水是医药卫生行业广泛使用的消毒剂，主要成分为 H$_2$O$_2$，本身具有强氧化性，但遇到氧化性更强的 KMnO$_4$ 时，H$_2$O$_2$ 表现出还原性，二者发生的反应如下：

$$2MnO_4^- + 5H_2O_2 + 6H^+ \!\!=\!\!= 2Mn^{2+} + 5O_2\uparrow + 8H_2O$$

该反应在酸性溶液中可定量进行，开始反应速率很慢，待 Mn^{2+} 生成后，由于 Mn^{2+} 的催化作用，反应速率加快。当达化学计量点时，微过量的 KMnO$_4$ 使溶液显微红色，指示终点到达。

H$_2$O$_2$ 含量的计算公式如下，以质量浓度（g/L）表示：

$$w_{H_2O_2} = \frac{\frac{5}{2}(cV)_{KMnO_4} \times M_{H_2O_2}}{V_{试样} \times \dfrac{25.00}{250.0}}$$

三、试剂和仪器

1. 试剂

已知准确浓度的 KMnO$_4$ 标准溶液；30%双氧水（分析纯）；3mol/L H$_2$SO$_4$ 溶液。

2. 仪器

酸式滴定管；锥形瓶；吸量管；烧杯；容量瓶；台秤；分析天平；称量瓶；量筒；洗瓶；滴管。

四、实验内容

用吸量管移取 1.00mL 原装双氧水溶液，注入 250mL 容量瓶中，定容，摇匀。移取稀释后的双氧水溶液 25.00mL 注入锥形瓶中，加 60mL 水、7mL 3mol/L 的 H$_2$SO$_4$，用 KMnO$_4$ 标准溶液滴定溶液呈微红色，30s 不褪色，即为终点，平行测定三次。计算原双氧水中 H$_2$O$_2$ 含量，用质量浓度表示。

五、数据记录与处理

准确记录 $KMnO_4$ 标准溶液的消耗体积，进行双氧水中 H_2O_2 含量（用质量浓度表示）、相对平均偏差的计算并列表表示。

项目	1	2	3
取双氧水原液的体积/mL			
V_{KMnO_4} 终读数/mL			
V_{KMnO_4} 初读数/mL			
ΔV_{KMnO_4}/mL			
H_2O_2 的质量浓度/（g/L）			
H_2O_2 质量浓度的平均值/（g/L）			
$\lvert d_i \rvert$			
相对平均偏差/%			

六、注意事项

1. 市售双氧水浓度太大，分解速度快，直接测定误差较大，必须定量稀释后再测定。
2. H_2O_2 滴定过程中不能加热，防止 H_2O_2 分解。

课后参考
答案

七、思考题

1. 用 $KMnO_4$ 法测定双氧水中 H_2O_2 的含量时，为什么不能用盐酸或硝酸代替硫酸调节酸度？
2. 用 $KMnO_4$ 法测定双氧水中 H_2O_2 的含量时，溶液能否加热？为什么？

实验 12 铁矿石中全铁含量的测定

课前预习报告导学　　课件

一、实验目的

1. 了解分解矿石试样的方法。
2. 学习 $K_2Cr_2O_7$ 法测定铁的原理和方法。

二、实验原理

铁矿石的种类有磁铁矿（Fe_3O_4）、赤铁矿（Fe_2O_3）和菱铁矿（$FeCO_3$）等，试样一般用浓 HCl 在加热条件下溶解，用 $SnCl_2$ 将 Fe^{3+} 还原为 Fe^{2+}，过量的 $SnCl_2$ 用 $HgCl_2$ 氧化除去，生成白色丝状 Hg_2Cl_2 沉淀，然后在 1～2mol/L H_2SO_4-H_3PO_4 混酸介质中，以二苯胺磺酸钠为指示剂，用 $K_2Cr_2O_7$ 标准溶液滴定到紫色为终点。测定过程的主要反应是：

$$2FeCl_4^- + SnCl_4^{2-} + 2Cl^- \longrightarrow 2FeCl_4^{2-} + SnCl_6^{2-}$$

$$SnCl_4^{2-} + 2HgCl_2 \longrightarrow SnCl_6^{2-} + Hg_2Cl_2\downarrow（白色丝状沉淀）$$

$$6Fe^{2+} + Cr_2O_7^{2-} + 14H^+ \longrightarrow 6Fe^{3+} + 2Cr^{3+} + 7H_2O$$

三、试剂和仪器

1. 试剂

$K_2Cr_2O_7$（基准试剂或者优级纯）；铁矿石试样；浓 HCl 溶液；10% $SnCl_2$ 溶液；5% $HgCl_2$ 溶液；H_2SO_4-H_3PO_4 混酸；2g/L 二苯胺磺酸钠指示剂。

2. 仪器

酸式滴定管；锥形瓶；烧杯；容量瓶；量筒；分析天平；称量瓶；加热套；表面皿。

四、实验内容

（一）0.017mol/L $K_2Cr_2O_7$ 标准溶液的配制

准确称取 $K_2Cr_2O_7$ 1.2～1.3g 置于 100mL 小烧杯中，用水溶解，定量转入 250mL 容量瓶中，定容、摇匀，计算其精确浓度。

（二）铁含量的测定

准确称取矿样 0.15～0.20g 三份，分别置于锥形瓶中，用少量水润湿，加入 10mL 浓 HCl，盖上表面皿，低温加热溶解，待试样分解完成后，用水冲洗表面皿及瓶壁，加热近沸，并趁热滴加10%的 $SnCl_2$ 溶液还原 Fe^{3+}，至溶液的黄色消失，再过量 1～2 滴。加入 20mL 水，并用流动的自来水冲洗锥形瓶外壁，使溶液迅速冷却后，加入 10mL 5% $HgCl_2$ 溶液，摇匀，溶液中有白色丝状沉淀生成；在冷水中放置 3～5min，加水稀释至约 150mL，加 15mL H_2SO_4-H_3PO_4 混酸，再加 5～6 滴二苯胺磺酸钠指示剂，立即用配制好的 $K_2Cr_2O_7$ 标准溶液滴定到溶液呈紫色为终点。平行测定三次，计算铁矿石中铁的含量（用质量百分数表示）。

由于滴定过程中生成黄色的 Fe^{3+}，影响终点的正确判断，加入 H_3PO_4 使之与 Fe^{3+} 结合成无色的 $[Fe(PO_4)_2]^{3-}$ 配离子，既消除了 Fe^{3+} 的黄色影响，又减小了 Fe^{3+} 浓度，从而降低了 Fe^{3+}/Fe^{2+} 电对的条件电极电位，使化学计量点附近的电位突跃增大，指示剂二苯胺磺酸钠的变色点落入突跃范围之内，提高滴定的准确度。

五、数据记录与处理

（1）$K_2Cr_2O_7$ 标准溶液浓度计算公式为：

$$c_{K_2Cr_2O_7} = \frac{\dfrac{m_{K_2Cr_2O_7}}{M_{K_2Cr_2O_7}}}{V}$$

（2）铁含量计算公式为：

$$w_{Fe} = \frac{6(cV)_{K_2Cr_2O_7} \times M_{Fe}}{m_{称}} \times 100\%$$

准确记录铁矿石的称量质量，$K_2Cr_2O_7$ 标准溶液的消耗体积，进行铁矿石总铁含量、相对平均偏差的计算并列表表示。

项目	1	2	3
铁矿石的质量/g			
$V_{K_2Cr_2O_7}$ 终读数/mL			
$V_{K_2Cr_2O_7}$ 初读数/mL			
$V_{K_2Cr_2O_7}$/mL			
铁含量/%			
铁含量的平均值/%			
$|d_i|$			
相对平均偏差/%			

六、注意事项

1. 溶解铁矿石试样用到浓盐酸，一定要在通风橱或者通风帽下进行。

2. 溶解铁矿石试样时可滴加 8~10 滴的 $SnCl_2$ 助溶，因为铁矿石试样中可能还有三价铁不容易溶解，经过 $SnCl_2$ 还原为二价之后比较好溶解。

3. 还原 Fe^{3+} 时，$SnCl_2$ 要趁热逐滴加，原因是溶液温度不能太低，否则黄色褪去不易观察，逐滴滴加以免 $SnCl_2$ 用量太多，Hg_2Cl_2 沉淀过多不易除去。

4. 加 $HgCl_2$ 除去过量 $SnCl_2$ 时，溶液应冷却，否则 Hg^{2+} 可能氧化 Fe^{2+}，$HgCl_2$ 应一次加入，否则造成局部 Sn^{2+} 浓度过大，使生成的 Hg_2Cl_2 进一步被 Sn^{2+} 还原，析出 Hg，致使沉淀呈黑灰色，实验失败；反应方程式为：

$$SnCl_2 + Hg_2Cl_2 =\!=\!= SnCl_4 + Hg\downarrow$$

5. 加 $HgCl_2$ 除去过量 $SnCl_2$ 时，溶液中应有白色丝状沉淀生成，否则可能 $SnCl_2$ 没有过量，也就是说 Fe^{3+} 可能没有被还原完全。

6. 二苯胺磺酸钠能与 $K_2Cr_2O_7$ 发生反应，不能多加。

7. 在酸性溶液中，Fe^{2+} 易被氧化，加硫-磷混酸后，应立即滴定，即处理一份铁矿石试样滴定一份，不能久置。

课后参考
答案

七、思考题

1. 在预处理时为什么 $SnCl_2$ 溶液要趁热逐滴加入，而 $HgCl_2$ 溶液却要冷却且一次加入？

2. 分析加入 H_2SO_4-H_3PO_4 混酸的作用。

3. 试样分解完，加入硫-磷混合酸和指示剂后为什么必须立即滴定？

实验 13 硫代硫酸钠标准溶液的配制和标定

一、实验目的

 课前预习报告导学   课件   视频

1. 掌握 $Na_2S_2O_3$ 标准溶液的配制和标定。
2. 掌握淀粉指示剂的作用原理。

二、实验原理

$Na_2S_2O_3 \cdot 5H_2O$ 一般都含有少量杂质如 S、Na_2SO_3、Na_2SO_4、Na_2CO_3 及 NaCl 等，同时还容易风化和潮解，因此不能直接配制准确浓度的溶液。$Na_2S_2O_3$ 溶液易受空气和微生物等的作用而分解，故配制溶液时最好采用新煮沸并冷却的蒸馏水。

（1）溶解的 CO_2 的作用 pH<4.6，有 CO_2 存在时：

$$Na_2S_2O_3 + H_2CO_3 \longrightarrow NaHSO_3 + NaHCO_3 + S\downarrow$$

一般在溶液配成后的最初十天内作用最强。pH 值在 9～10 之间，溶液最为稳定，所以在 $Na_2S_2O_3$ 溶液中加入少量 Na_2CO_3。

（2）空气的氧化作用

$$2Na_2S_2O_3 + O_2 \longrightarrow 2Na_2SO_4 + 2S\downarrow$$

（3）微生物的作用 是使 $Na_2S_2O_3$ 分解的主要原因。

为了减少溶解在水中的 CO_2 和杀死水中微生物，应用新煮沸后冷却的蒸馏水配制溶液并加入少量 Na_2CO_3，以防止 $Na_2S_2O_3$ 分解。日光能促进 $Na_2S_2O_3$ 溶液分解，故 $Na_2S_2O_3$ 应贮存于棕色瓶中，放至暗处，经 8～14 天再标定。

$Na_2S_2O_3$ 标准溶液浓度计算公式为：

$$c_{Na_2S_2O_3} = \dfrac{6 \times \left(\dfrac{m}{M}\right)_{K_2Cr_2O_7} \times \dfrac{25.00}{250.00}}{V_{Na_2S_2O_3}}$$

三、试剂和仪器

1. 试剂

$K_2Cr_2O_7$（基准试剂或者优级纯）；$Na_2S_2O_3 \cdot 5H_2O$（AR）；Na_2CO_3（s）；1mol/L H_2SO_4 溶液；KI 固体；5g/L 淀粉指示剂。

2. 仪器

碱式滴定管；锥形瓶；吸量管；烧杯；容量瓶；台秤；分析天平；称量瓶；量筒；洗瓶；

滴管。

四、实验内容

（一）$K_2Cr_2O_7$ 标准溶液的配制

在分析天平上准确称取的 $K_2Cr_2O_7$ 1.2~1.3g 置于 100mL 小烧杯中，用水溶解，定量转入 250mL 容量瓶中，定容、摇匀，计算其精确浓度。

（二）0.1mol/L $Na_2S_2O_3$ 溶液的配制和标定

1. 0.1mol/L $Na_2S_2O_3$ 溶液的配制

在台秤上称取 6.3g $Na_2S_2O_3 \cdot 5H_2O$ 溶解在新煮沸而冷却后的蒸馏水中，加 0.2g Na_2CO_3 稀释至 500mL，保存于棕色瓶中，贴上标签，一周后标定。

2. $Na_2S_2O_3$ 溶液的标定

移取 $K_2Cr_2O_7$ 标准溶液 25.00mL 于锥形瓶中，加入 15mL 1mol/L H_2SO_4，固体 KI 约 2g，立即盖上瓶塞，轻轻摇匀，于暗处放置 5min，加蒸馏水 40mL，用待标定的 $Na_2S_2O_3$ 溶液滴定到浅黄绿色，然后加 3mL 淀粉溶液，继续滴定到蓝色变为绿色，即达终点，平行测三次。

五、数据记录与处理

准确记录基准物质的称量质量、$Na_2S_2O_3$ 标准溶液的消耗体积，进行 $Na_2S_2O_3$ 浓度、相对平均偏差的计算并列表表示。

项目	1	2	3
$m_{K_2Cr_2O_7}$/g			
$V_{Na_2S_2O_3}$ 终读数/mL			
$V_{Na_2S_2O_3}$ 初读数/mL			
$\Delta V_{Na_2S_2O_3}$/mL			
$Na_2S_2O_3$ 的浓度/（mol/L）			
$Na_2S_2O_3$ 浓度的平均值/（mol/L）			
$\lvert d_i \rvert$			
相对平均偏差/%			

六、注意事项

1. $Na_2S_2O_3$ 溶液应该在实验前一星期配制好备用。

2. Na$_2$S$_2$O$_3$ 溶液标定时，KI 一定是过量的；一方面是为了促进反应完全，另一方面是加入过量的 KI 还可以与生成的 I$_2$ 形成 I$_3^-$ 络合物，增大 I$_2$ 的溶解度。

3. Na$_2$S$_2$O$_3$ 溶液标定时，由于 KI 与 K$_2$Cr$_2$O$_7$ 的反应速率比较慢，为了加快反应速率，要控制溶液的酸度为 0.2～0.4mol/L，同时加入过量的 KI，并在暗处放置一段时间。但是在滴定前须将溶液稀释以降低酸度，以防止 Na$_2$S$_2$O$_3$ 在滴定过程中遇到强酸分解。

4. 淀粉指示剂不能加入过早，否则大量的 I$_2$ 与淀粉指示剂结合生成蓝色的物质，这部分 I$_2$ 不易与 Na$_2$S$_2$O$_3$ 反应，使得滴定发生误差。

课后参考
答案

七、思考题

1. 配制 Na$_2$S$_2$O$_3$ 溶液时，为什么要采用先煮沸又冷却的纯水？

2. 用 K$_2$Cr$_2$O$_7$ 作基准物质标定 Na$_2$S$_2$O$_3$ 溶液时，为什么要加入过量的 KI 和 HCl 溶液？为什么要放置一段时间后才能加水稀释？为什么在滴定前还要加水稀释？

3. 淀粉指示剂为什么要临近终点时加入？如果在滴定反应一开始就加入对实验结果有什么影响？

实验 14　铜盐中铜含量的测定

课前预习报告导学　　　课件　　　视频

一、实验目的

1. 学习碘量法测定铜的原理和方法。
2. 了解间接碘量法的应用。

二、实验原理

在弱酸介质中 Cu^{2+} 可以被 KI 还原成 CuI，同时析出与之计量相当的 I_2，用 $Na_2S_2O_3$ 标准溶液滴定，以淀粉为指示剂，根据 $Na_2S_2O_3$ 标准溶液消耗的体积，计算出 $CuSO_4$ 中铜的含量。反应式为：

$$2Cu^{2+} + 4I^- \rightleftharpoons 2CuI\downarrow + I_3^-$$

$$I_3^- + 2S_2O_3^{2-} =\!=\!= 3I^- + S_4O_6^{2-}$$

可见，在上述反应中 KI 不仅是 Cu^{2+} 的还原剂，还是 Cu^{2+} 的沉淀剂和 I_2 的络合剂。

CuI 能强烈地吸附 I_3^-，使滴定结果偏低，为此，在溶液中加入 KSCN，使 CuI（K_{sp}=1.1×10^{-12}）沉淀转化为溶解度更小的 CuSCN（K_{sp}=4.8×10^{-15}）沉淀，将吸附的 I_3^- 释放出来，但 KSCN 要在滴定终点附近加入，否则，SCN$^-$ 有可能直接还原 Cu^{2+}，使结果偏低。

$$6Cu^{2+}+7SCN^- +4H_2O =\!=\!= 6CuSCN\downarrow+SO_4^{2-} +CN^- +8H^+$$

溶液的 pH 值一般控制在 3～4 之间，低酸度条件下，Cu^{2+} 水解，使测定结果偏低，而且滴定反应进行得很慢，终点延长，酸度过高时，I^- 易被空气中的 O_2 氧化为 I_2，而且 Cu^{2+} 对此反应有催化作用，使测定结果偏高。大量 Cl^- 能与 Cu^{2+} 配合，I^- 不易从 Cu（Ⅱ）的氯配合物中将 Cu（Ⅱ）定量地还原，因此最好用 H_2SO_4 而不用 HCl。

铜含量的计算公式为：

$$w_{Cu} = \frac{(cV)_{Na_2S_2O_3} \times M_{Cu}}{m_{称}} \times 100\%$$

三、试剂和仪器

1. 试剂

$K_2Cr_2O_7$（基准试剂或者优级纯）；$Na_2S_2O_3 \cdot 5H_2O$（AR）；Na_2CO_3（s）；1mol/L H_2SO_4

溶液；KI 固体；5g/L 淀粉指示剂。

2. 仪器

碱式滴定管；锥形瓶；吸量管；烧杯；容量瓶；台秤；分析天平；称量瓶；量筒；洗瓶；滴管。

四、实验内容

准确称取 $CuSO_4 \cdot 5H_2O$ 试样 0.55～0.60g 三份，分别置于碘量瓶中，加 1mol/L H_2SO_4 溶液 3mL，蒸馏水 10mL 使 $CuSO_4 \cdot 5H_2O$ 溶解，加 20% NH_4HF_2 溶液 10mL，再加固体 KI 约 2g，摇匀后立即用已标定的 $Na_2S_2O_3$ 溶液滴定到浅黄色，然后加入 3mL 淀粉指示剂，继续滴定到浅蓝色，再加 10mL 10% KSCN 溶液，摇匀后，溶液颜色加深，继续用 $Na_2S_2O_3$ 标准溶液滴定，蓝色刚好消失即终点。平行测三次。

五、数据记录与处理

准确记录铜盐的称量质量、$Na_2S_2O_3$ 标准溶液的消耗体积，进行铜盐质量分数、相对平均偏差的计算并列表表示。

项目	1	2	3
$m_{铜盐}$/g			
$V_{Na_2S_2O_3}$ 终读数/mL			
$V_{Na_2S_2O_3}$ 初读数/mL			
$\Delta V_{Na_2S_2O_3}$/mL			
w_{Cu}/%			
w_{Cu} 的平均值/%			
$\lvert d_i \rvert$			
相对平均偏差/%			

六、注意事项

1. 测定 Cu 含量时，CuI 能强烈地吸附 I_3^-，使滴定结果偏低，为此，在溶液中加入 KSCN，使 CuI 沉淀转化为溶解度更小的 CuSCN 沉淀，将吸附的 I_3^- 释放出来，但 KSCN 要在滴定终点附近加入，否则，SCN^- 有可能直接还原 Cu^{2+}，使结果偏低，大量的 I_2 也可能氧化 SCN^-，影响准确度。

2. 加入 NH_4HF_2 一方面是为了调节溶液的 pH 在 3～4，另一方面是为了掩蔽可能存在的 Fe^{3+} 的干扰。

七、思考题

课后参考
答案

1. 铜含量测定时，加入 KI 的作用是什么？

2. 铜含量测定时，为什么要加入 KSCN？为什么不能过早加入？

3. 若试样中含有铁，加入何种试剂以消除铁对测定铜的干扰，并控制溶液 pH 在 3～4？

实验 15　HCl-NH₄Cl 混合液中各组分含量测定

课前预习报告导学　　课件

一、实验目的

1. 掌握混合酸分析方法。
2. 学会设计实验的基本方法。

二、实验原理

HCl 是一元强酸，可用 NaOH 直接滴定，反应方程式为：

$$NaOH+HCl \xrightarrow{\hspace{1cm}} NaCl+H_2O$$

NH₄Cl 是一元弱酸，其解离常数 $K_a=5.6 \times 10^{-10}$，当 $c=0.1mol/L$ 时，$cK_a<10^{-8}$，无法用 NaOH 直接准确滴定。可以用甲醛强化，反应方程式为：

$$4NH_4^+ +6HCHO \xrightarrow{\hspace{1cm}} (CH_2)_6N_4H^+ +3H^+ +6H_2O$$

反应生成的 $(CH_2)_6N_4H^+$（$K_a=7.1 \times 10^{-6}$）和 H^+ 可用 NaOH 标准溶液直接滴定。反应方程式为：

$$(CH_2)_6N_4H^+ +3H^+ +4OH^- \xrightarrow{\hspace{1cm}} (CH_2)_6N_4+4H_2O$$

反应到第一化学计量点时为 NH_4^+ 弱酸溶液，所用 NaOH 的体积为 V_1，其中 $K_a=5.6 \times 10^{-10}$，$c=0.050mol/L$，由于 $cK_a>10K_w$，$c/K_a>100$，故 $[H^+]=\sqrt{cK_a}=\sqrt{0.050 \times 5.6 \times 10^{-10}}=5.29 \times 10^{-6}mol/L$，pH=5.28，故可用甲基红（4.4～6.2）作指示剂。

反应到第二化学计量点时为 $(CH_2)_6N_4$ 弱碱溶液，所用 NaOH 的体积为 V_2，其中 $K_b=1.4 \times 10^{-9}$，$c=0.0250mol/L$，由于 $cK_b>10K_w$，$c/K_b>100$，故 $[OH^-]=\sqrt{cK_b}=\sqrt{0.0250 \times 1.4 \times 10^{-9}}=5.92 \times 10^{-6}mol/L$，pOH=5.23，pH=8.77，故采用酚酞（8.2～10.0）作指示剂。

注：因为 NaOH 溶液不稳定，易与空气中的 CO₂ 发生反应，故不能作基准物质。需先粗配成近似于所需浓度的溶液，再用另一种基准物质邻苯二甲酸氢钾滴定其浓度。

三、试剂和仪器

1. 试剂

HCl-NH₄Cl 混合液（含 HCl、NH₄Cl 约为 2.5mol/L 和 1.25mol/L）；NaOH（s，AR）；酚酞指示剂（2g/L）；甲基红指示剂（2g/L）；甲醛溶液（1∶1，已中和）；邻苯二甲酸氢钾（KHP）基准物质。

2. 仪器

碱式滴定管；锥形瓶；烧杯；容量瓶；量筒；分析天平；称量瓶；玻璃棒；塑料试剂瓶；洗瓶。

四、实验内容

（一）NaOH 标准溶液的配制和标定

1. 250mL 0.1mol/L NaOH 溶液的配制

台秤称取固体 1g 加入 250mL 的纯水，混匀，装入塑料试剂瓶。

2. NaOH 溶液的标定

用分析天平准确称取 0.4～0.5g KHP 于 250mL 锥形瓶中，用 20～30mL 水溶解后，加酚酞指示剂 1～2 滴，用待标定的 NaOH 溶液滴至微红色，半分钟内不褪色，即达终点。平行标定三份，计算 NaOH 溶液的浓度，其相对标准偏差应不大于 0.2%。

（二）HCl-NH₄Cl 混合液中各组分含量的测定

1. 混合酸稀释

用吸量管移取混合酸样 10.00mL 于 250.0mL 容量瓶中，用水稀释至刻度，摇匀备用。

2. 测定

第一种方法：同一份试样中连续滴定。

移取 25.00mL 稀释后的试样于 250mL 锥形瓶中，加入 3 滴甲基红指示剂，用 NaOH 标准溶液滴定至溶液呈橙色为终点，记下消耗 NaOH 标准溶液的体积为 V_1，继续加入 5mL 甲醛溶液，加入 3 滴酚酞指示剂，摇匀，静置 1min 后，以 NaOH 标准溶液滴定至溶液呈微红色且 30s 不变色为终点，记下消耗的总体积为 V_2。平行测定三次。

第二种方法：取两份试样分别滴定。

移取 25.00mL 稀释后的试样于 250mL 锥形瓶中，加入 3 滴甲基红指示剂，以 NaOH 标液滴定至溶液呈橙色为终点，记下消耗的体积 V_1，平行测定三次。

另移取 25.00mL 稀释后的试样于 250mL 锥形瓶中，加入 5mL 甲醛溶液，加入 3 滴酚酞指示剂，摇匀，静置 1min 后，以 NaOH 标液滴定至溶液呈微红色且 30 秒不变色为终点，记下消耗的体积 V_2，平行测定三次。

任选一种方法进行试验，分别计算出 HCl 和 NH₄Cl 的含量，用物质的量浓度（mol/L）表示。

五、数据记录与处理

（1）NaOH 标准溶液浓度计算公式为：

$$c_{NaOH} = \frac{\dfrac{m_{KHP}}{M_{KHP}}}{V_{NaOH}}$$

（2）HCl 和 NH$_4$Cl 浓度的计算公式为：

$$c_{HCl} = \frac{(cV_1)_{NaOH}}{25.00} \times \frac{250.0}{10.00}$$

$$c_{NH_4Cl} = \frac{c_{NaOH}(V_2 - V_1)_{NaOH}}{25.00} \times \frac{250.0}{10.00}$$

项目	1	2	3
m_{KHP}/g			
V_{NaOH} 终点读数/mL			
V_{NaOH} 初始读数/mL			
V_{NaOH}/mL			
NaOH 浓度/（mol/L）			
NaOH 浓度的平均值/（mol/L）			
$\lvert d_i \rvert$			
相对平均偏差/%			

项目	1	2	3
V_1/mL			
V_2/mL			
HCl 的浓度/（mol/L）			
HCl 浓度的平均值/（mol/L）			
$\lvert d_i \rvert$			
相对平均偏差/%			
NH$_4$Cl 的浓度/（mol/L）			
NH$_4$Cl 浓度的平均值/（mol/L）			
$\lvert d_i \rvert$			
相对平均偏差/%			

六、注意事项

1. 加入甲醛溶液之后，一定要静置一段时间使反应进行完全后才能滴定。
2. KHP 常温下溶解得比较慢，可以稍微加热。
3. 数据处理的时候，要注意混合液在测定时是被稀释的。

课后参考
答案

七、思考题

对于 HCl-NH$_4$Cl 混合液中各组分的含量测定，在同一份试样中连续测定与分别取两份试样测定的优缺点是什么？

实验 16 "胃舒平"药片中铝和镁含量的测定

课前预习报告导学　　　　课件　　　　视频

一、实验目的

1. 了解成品药剂中组分含量测定的前处理方法。
2. 掌握络合滴定中返滴定法的原理和方法。
3. 熟悉沉淀分离的操作方法。

二、实验原理

"胃舒平"是一种中和胃酸的胃药,主要成分为氢氧化铝、三硅酸镁及少量中药颠茄流浸膏,此外药片成型时还加入了糊精等辅料。

药片中铝和镁含量,可用络合滴定法测定,其他成分不干扰测定。先将药片用酸溶解,分离除去不溶于水的物质,制成溶液。取部分试液准确加入已知浓度且过量的 EDTA,并调节溶液 pH 为 3～4,煮沸使 EDTA 与 Al^{3+} 反应完全。冷却后再调节 pH 为 5～6,以二甲酚橙为指示剂,用锌标准溶液返滴定过量的 EDTA,即可测出铝含量。另取试液调节其 pH 为 5～6,使铝沉淀并予以分离后,于 pH≈10 的条件下以铬黑 T 为指示剂,用 EDTA 溶液滴定滤液中的镁,测得镁含量。

三、试剂和仪器

1. 试剂

胃舒平药片;乙二胺四乙酸二钠(EDTA-2Na);$ZnSO_4 \cdot 7H_2O$(优级纯);20%六亚甲基四胺溶液水溶液;1:1 氨水;1:1 HCl 溶液;1:2 三乙醇胺溶液;氨-氯化铵缓冲溶液(pH≈10);0.2%二甲酚橙指示剂;甲基红指示剂;氯化铵固体。

2. 仪器

酸式滴定管;碱式滴定管;锥形瓶;烧杯;容量瓶;量筒;分析天平;称量瓶;布氏漏斗;定量滤纸;研钵;药匙。

四、实验内容

(一)250mL 0.02mol/L 锌标准溶液的配制

在分析天平上准确称取 $ZnSO_4 \cdot 7H_2O$ 1.2～1.5g 于小烧杯中,加水溶解后定量转移至

250mL 容量瓶中，用水稀释至刻度，摇匀，计算其准确浓度。

（二）EDTA 标准溶液的配制和标定

1. 500mL 0.02mol/L EDTA 溶液的配制

在台秤上称取 4g 乙二胺四乙酸二钠盐于烧杯中，加水溶解稀释至 500mL。贴上标签，保存。

2. EDTA 溶液的标定

移取 25.00mL $ZnSO_4 \cdot 7H_2O$ 标准溶液置于 250mL 锥形瓶中，加入 2mL 1：5 HCl 溶液、2 滴二甲酚橙指示剂，滴加 20%六亚甲基四胺至试液呈稳定的紫红色后，再过量 5mL，摇匀。以待标定的 EDTA 滴定至溶液由紫红色变成亮黄色为终点。平行测定三次。计算 EDTA 的浓度，其相对平均偏差不大于 0.2%。

（三）"胃舒平"药片中铝和镁含量的测定

1. 样品的处理

取"胃舒平"药片 10 片，研细，准确称出药粉 2.0g 左右，加入 1：1 HCl 溶液 15mL，加水至 40mL，煮沸。冷却后过滤，并用水洗涤沉淀。收集滤液及洗涤液于 250mL 容量瓶中，用水稀释至刻度，摇匀，待用。

2. 铝的测定

准确移取上述试液 10.00mL 于 250mL 锥形瓶中，加水至 25mL 左右，准确加入 0.02mol/L EDTA 溶液 25mL，摇匀。加入二甲酚橙指示剂 2 滴，滴加 1：1 氨水至溶液恰呈紫红色，然后滴加 1：1 HCl 溶液使其刚好显黄色，再过量 3 滴，调节试液 pH 为 3～4，将溶液煮沸 3min 左右，冷却。再加入 20%六亚甲基四胺溶液 10mL，此时试液应呈黄色，pH 为 5～6（否则应加入 1：3 HCl 溶液将其调成黄色）。再加入二甲酚橙指示剂 2 滴，用锌标准溶液返滴定剩余的 EDTA，以试液由亮黄色突变为紫红色为终点。平行测定三次，根据 EDTA 加入量与锌标准溶液滴定体积，计算铝含量（用 Al_2O_3 的质量百分数表示）。

3. 镁的测定

另取试液 25.00mL 于 100mL 烧杯中，滴加 1：1 氨水至刚出现沉淀，再加入 1：1 HCl 溶液至沉淀恰好溶解。加入固体 NH_4Cl 0.8g 溶解后，滴加 20%六亚甲基四胺至沉淀出现并过量 5mL。加热试液至沸腾 5min 后，趁热过滤，以少量水分次洗涤沉淀。收集滤液及洗涤液于 250mL 锥形瓶中，加入 4mL 三乙醇胺、5mL 氨-氯化铵缓冲溶液及甲基红指示剂 1 滴、铬黑 T 指示剂 1～2 滴，用 EDTA 溶液滴定至溶液由暗红色转变为蓝绿色。平行测定三次，计算镁的含量（用 MgO 的质量百分数表示）。

五、数据记录与处理

（1）锌标准溶液浓度计算公式为：

$$c_{ZnSO_4} = \frac{\dfrac{m_{ZnSO_4}}{M_{ZnSO_4}}}{V_{EDTA}}$$

（2）EDTA 标准溶液浓度计算公式为：

$$c_{EDTA} = \frac{(cV)_{ZnSO_4}}{V_{EDTA}}$$

（3）铝和镁含量的计算公式为：

$$w_{Al_2O_3} = \frac{\dfrac{1}{2}\Big[(cV)_{EDTA} - (cV)_{ZnSO_4}\Big] \times M_{Al_2O_3}}{m_{称} \times \dfrac{10.00}{250.0}} \times 100\%$$

$$w_{MgO} = \frac{(cV)_{EDTA} \times M_{MgO}}{m_{称} \times \dfrac{25.00}{250.0}} \times 100\%$$

项目	1	2	3
$m_{ZnSO_4 \cdot 7H_2O}$/g			
V_{EDTA} 终读数/mL			
V_{EDTA} 初读数/mL			
V_{EDTA}/mL			
EDTA 的浓度/（mol/L）			
EDTA 浓度的平均值/（mol/L）			
$\mid d_i \mid$			
相对平均偏差/%			

项目	1	2	3
样品的质量/g			
Al 含量的测定			
加入 EDTA 的体积/mL	25.00		
消耗锌标液的体积/mL			
$w_{Al_2O_3}$/%			
$w_{Al_2O_3}$的平均值/%			
$\mid d_i \mid$			

续表

项目	1	2	3
相对平均偏差/%			
Mg 含量的测定			
消耗 EDTA 标液的体积/mL			
w_{MgO}/%			
w_{MgO} 的平均值/%			
$|d_i|$			
相对平均偏差/%			

六、注意事项

1. 实验过程中，两个地方需要对沉淀进行洗涤，千万注意洗涤用水量，遵循少量多次原则。

2. 在测定铝时，通过二甲酚橙指示剂颜色的变化来说明酸度调到 pH=3～4，在这样的酸度条件下比较有利于 EDTA 与铝的络合，加热 3min 即可。

3. 以六亚甲基四胺调节 pH 值分离 Al^{3+}，其结果比氨水好，因为这样可以减少生成胶状 $Al(OH)_3$ 沉淀对 Mg^{2+} 的吸附。

课后参考
答案

七、思考题

1. 测定铝离子为什么不能直接滴定？

2. 在测定镁离子时，加入三乙醇胺的作用是什么？能否用三乙醇胺掩盖 Al^{3+} 而直接测定 Mg^{2+}？

实验 17　维生素 C 药片中抗坏血酸含量测定

一、实验目的

课前预习报告导学　　课件　　视频

1. 学习设计实验的方法和原理。
2. 通过维生素 C 含量的测定，掌握直接碘量法及其操作。
3. 掌握 I_2 溶液的配制和标定方法。

二、实验原理

维生素 C 又称抗坏血酸，分子式为 $C_6H_8O_6$，化学名为 2,3,4,5,6-五羟基-2-己烯酸-4-内酯。市售维生素 C 药片含淀粉等添加剂，通常用于防止坏血病及各种慢性传染病的辅助治疗。由于维生素 C 分子中的烯二醇基具有较强的还原性，能被 I_2 定量地氧化成二酮基，因此可以通过碘量法测定维生素 C 的含量。

$$C_6H_8O_6+I_2 = C_6H_6O_6+2HI$$

由于维生素 C 的还原性，在空气中极易被氧化，在碱性介质中更甚，测定时加入 HAc 使溶液呈弱酸性，减少维生素 C 的副反应，避免引起实验误差。

三、试剂和仪器

1. 试剂

维生素 C 药片；$K_2Cr_2O_7$（基准试剂或者优级纯）；$Na_2S_2O_3 \cdot 5H_2O$（AR）；Na_2CO_3（s）；1mol/L H_2SO_4 溶液；KI 固体；HAc（2mol/L）；5g/L 淀粉指示剂。

2. 仪器

酸式滴定管；锥形瓶；烧杯；250mL 容量瓶；量筒；分析天平；台秤；称量瓶。

四、实验内容

（一）0.1mol/L $Na_2S_2O_3$ 标准溶液的配制与标定

同本章实验 13。

（二）0.05mol/L I_2 标准溶液的配制与标定

1. 在台秤中称取 I_2 3.2g，置于 250mL 烧杯中，加 4g KI，再加少量水研磨搅拌，待全部溶解后，加水稀释到 250mL，混合均匀，贮藏在棕色试剂瓶中，置于暗处。

2. 移取 25.00mL I₂ 溶液三份于 250mL 锥形瓶中，加 50mL 纯水，用 Na₂S₂O₃ 标准溶液滴定到溶液呈浅黄色时，加入 2mL 淀粉指示剂，继续用 Na₂S₂O₃ 标准溶液滴定至蓝色恰好消失，即为终点，平行测定三次。

（三）维生素 C 药片中维生素 C 含量的测定

用分析天平准确称取粉碎的维生素 C 药片试样 0.2～0.3g 三份置于 250mL 锥形瓶中，加入新煮沸过的冷蒸馏水 100mL 和 10mL 2mol/L HAc 溶液，完全溶解后，再加入 3mL 淀粉指示剂，立即用 I₂ 标准溶液滴定至溶液显稳定的蓝色，平行测定三次，计算维生素 C 的含量。

五、数据记录与处理

（1）I₂ 标准溶液浓度计算公式为：

$$c_{I_2} = \frac{(cV)_{Na_2S_2O_3}}{2 \times V_{I_2}}$$

（2）维生素 C 含量的计算公式：

$$w_{维生素C} = \frac{c_{I_2} V_{I_2} \times M_{维生素C}}{m_{称}} \times 100\%$$

项目	1	2	3
移取 Na₂S₂O₃ 的体积（V）/mL			
V_{I_2} 终读数/mL			
V_{I_2} 初读数/mL			
ΔV_{I_2}/mL			
I₂ 的浓度/（mol/L）			
I₂ 浓度的平均值/（mol/L）			
$|d_i|$			
相对平均偏差/%			

项目	1	2	3
称取维生素 C 片剂的质量/g			
V_{I_2} 终读数/mL			
V_{I_2} 初读数/mL			
ΔV_{I_2}/mL			
维生素 C 的含量/%			

续表

项目	1	2	3
维生素 C 含量的平均值/%			
$\lvert d_i \rvert$			
相对平均偏差/%			

六、注意事项

1. 在配制 I_2 标准溶液时,加入 KI 和少量水后,必须充分研磨至 I_2 完全溶解后,才能转入试剂瓶中加水稀释。

2. 碘有腐蚀性,应在干净的表面皿上称取。

3. 维生素 C 被溶解后,易被空气氧化而引起误差。应用新煮沸并冷却去除溶解氧的蒸馏水溶解,且需溶解 1 份,立即滴定 1 份,不要 3 份同时溶解。

课后参考
答案

七、思考题

1. 溶解时,加入过量 KI 的作用是什么?

2. 测定维生素 C 的含量为何要在 HAc 介质中进行?

3. 溶解维生素 C 片剂试样为何要用新煮沸过的冷蒸馏水?

4. 分析本实验误差产生的原因主要有哪些。

实验 18　钡盐中钡含量的测定

课前预习报告导学　　课件　　视频

一、实验目的

1. 了解晶形沉淀的沉淀条件和沉淀方法。
2. 练习和掌握重量分析的基本操作。
3. 掌握氯化钡中钡含量测定的原理和方法。

二、实验原理

Ba^{2+}能生成一系列难溶化合物，如 $BaCO_3$、BaC_2O_4、$BaCrO_4$ 和 $BaSO_4$ 等，其中 $BaSO_4$ 的溶解度最小（$K_{sp}=1.1\times10^{-10}$），并且很稳定，其组成与化学式相符合，因此，它符合重量分析法对沉淀的要求，所以通常以 $BaSO_4$ 为沉淀形式和称量形式测定 Ba^{2+} 或 SO_4^{2-}。

将 $BaCl_2 \cdot 2H_2O$ 试样用水溶解，在热溶液中逐滴加入稀 H_2SO_4 使 Ba^{2+} 形成 $BaSO_4$ 沉淀，为了获得颗粒较大和纯净的晶形沉淀，试样溶于水后，加 HCl 酸化，使部分 SO_4^{2-} 转化为 HSO_4^-，以降低溶液的相对过饱和度，同时可防止其他弱酸盐如 $BaCO_3$ 沉淀生成。

反应方程式为：

$$Ba^{2+} + SO_4^{2-} =\!\!= BaSO_4\downarrow$$

经陈化、过滤、洗涤、灼烧后，以 $BaSO_4$ 形式称量，从而算出试样中的钡含量。
钡含量的计算公式为：

$$w_{Ba} = \frac{m_{BaSO_4} \times \dfrac{M_{Ba}}{M_{BaSO_4}}}{m_{试样}} \times 100\%$$

三、试剂和仪器

1. 试剂

$BaCl_2 \cdot 2H_2O$；2mol/L HCl 溶液；1mol/L H_2SO_4 溶液；0.1mol/L $AgNO_3$ 溶液。

2. 仪器

瓷坩埚；坩埚钳；漏斗；马弗炉；定量滤纸；烧杯；台秤；分析天平；称量瓶；量筒；表面皿；加热套；滴管；洗瓶。

四、实验内容

（一）坩埚恒重

洗净坩埚，晾干，编号，烘干，灼热至恒重。

（二）样品测定

1. 称量和溶解

在分析天平上准确称取 $BaCl_2 \cdot 2H_2O$ 试样 0.4～0.5g 一份，置于 250mL 烧杯中，加水 100mL 搅拌溶解（注意：玻璃棒直到过滤洗涤完毕才能取出），加入 4mL 2mol/L HCl，盖上表面皿，加热至近沸，勿使其沸腾，以防溅失。

2. 沉淀的生成和陈化

取 1mol/L H_2SO_4 溶液 4mL 置于小烧杯中，加水 30mL，加热至近沸。趁热将小烧杯中的 H_2SO_4 溶液缓慢地滴入 $BaCl_2$ 溶液中并不断搅拌，搅拌时玻璃棒不要触及杯壁和杯底，以免划破烧杯，使沉淀黏附在烧杯划痕内难以洗下。

沉淀完毕检查 $BaSO_4$ 沉淀完全后，盖上表面皿，在沸腾的水浴上陈化 30min，放置冷却后过滤。

3. 过滤和洗涤

使用慢速定量滤纸进行倾析法过滤，将陈化后的上层清液倾倒在滤纸上，再用倾析法洗涤沉淀 3～4 次，每次用洗涤液 10mL，然后将沉淀小心地移到滤纸上，用洗涤液洗涤烧杯 3～4 次，洗涤液均转入滤纸上；若此时仍有少量沉淀颗粒黏附于杯壁，可用一小片滤纸擦净烧杯，将沉淀转入滤纸上。最后用少量多次的方法洗涤沉淀，直至用 $AgNO_3$ 溶液检查洗涤液无 Cl^-。（洗涤液的配制：3mL 1mol/L H_2SO_4 稀释至 200mL 蒸馏水中。）

4. 沉淀的灼烧

将滤纸包折好，置于已经恒重的坩埚中，经干燥、炭化、灰化后，置于马弗炉中，在 800～850℃下灼烧至恒重。

五、数据记录与处理

准确记录试样和沉淀的质量，进行氯化钡中钡的含量（用质量分数表示）、相对平均偏差的计算，并列表表示。

项目	1	2	3
$BaCl_2 \cdot 2H_2O$ 的质量/g			
干燥后 $BaSO_4$ 的质量/g			

续表

项目	1	2	3
$w_{Ba}/\%$			
w_{Ba} 平均值/%			
相对偏差/%			

六、注意事项

1. 晶形沉淀过程一定要做到：稀、热、慢、搅、陈。

2. 所有用具一定要保持清洁，特别是过滤时，盛放滤液的容器一定要干净，因为 $BaSO_4$ 沉淀易穿透滤纸，遇到此种情况，需要重新过滤。过滤时，玻璃棒要轻轻触及滤纸，防止戳破滤纸。

3. 擦拭烧杯和玻璃棒的滤纸也要一起放进坩埚中灼烧。

4. 炭化时要不断转动坩埚，不要使滤纸着火燃烧，一旦滤纸燃烧，应立即移去加热源，盖上坩埚盖使其熄灭。不要用嘴吹，以免沉淀飞溅造成损失。

课后参考
答案

七、思考题

1. 沉淀 $BaSO_4$ 时为什么要在稀溶液中进行？不断搅拌的目的是什么？

2. 为什么沉淀 $BaSO_4$ 要在热溶液中进行，而在自然冷却后进行过滤？趁热过滤和强制冷却好不好？

3. 本实验中为什么要称取 0.4～0.5g $BaCl_2 \cdot 2H_2O$ 试样？称样过多或者过少有什么影响？

第三章 | 仪器分析实验

实验 1　邻二氮菲分光光度法测定铁

一、实验目的

1. 了解分光光度计的性能、结构。
2. 掌握分光光度计的基本操作及绘图处理实验数据的方法。
3. 初步了解实验条件研究的一般方法。
4. 学习分光光度法测定铁的原理和方法。

二、实验原理

邻二氮菲和 Fe^{2+} 在 pH＝2～9 的溶液中，生成一种稳定的橙红色络合物。铁含量在 0.1～6μg/mL 范围内遵守朗伯-比尔定律。显色前需用盐酸羟胺或抗坏血酸将 Fe^{3+} 全部还原为 Fe^{2+}，然后再加入邻二氮菲，并调节溶液酸度至适宜的显色范围。

三、试剂和仪器

1. 试剂

$2.0×10^{-3}$mol/L 铁标准溶液；100g/L 盐酸羟胺水溶液；1.5g/L 邻二氮菲水溶液；1.0mol/L 乙酸钠溶液；0.1mol/L 氢氧化钠溶液；铁样品溶液。

2. 仪器

722 型分光光度计；容量瓶；烧杯；洗瓶；滴管；擦镜纸；pH 计；移液管。

四、实验内容

（一）条件实验

1. 吸收曲线的制作和测量波长的选择

用吸量管移取 0.0、1.0mL 2.0×10⁻³mol/L 铁标准溶液，分别注入两个 50mL 容量瓶中，各加入 2mL 盐酸羟胺溶液，摇匀后放置 2min，再各加入 1.5g/L 邻二氮菲水溶液 5mL，乙酸钠溶液 5mL，用水稀释至刻度，摇匀。放置 10min 后，用 1cm 比色皿，以试剂空白溶液（即 0.0mL 铁标准溶液试样）为参比溶液，在 440～560nm，每隔 10nm 测一次吸光度。以波长 λ 为横坐标，吸光度 A 为纵坐标，绘制吸收曲线，从而选择测定铁的最大吸收波长。

2. 溶液适宜酸度范围的确定

在 8 只 50mL 容量瓶中各加 1.0mL 2.0×10⁻³mol/L 铁标准溶液和 1.0mL 盐酸羟胺溶液，摇匀后放置 2min。各加入 1.5g/L 邻二氮菲溶液 5mL，然后用碱式滴定管加入 0、2.00、5.00、8.00、10.00、15.00、20.00、25.00mL 0.1mol/L NaOH 溶液，以水稀释至刻度，摇匀。以水为参比，在选定波长下测量各溶液的吸光度。用 pH 计测定各溶液的 pH 值，以 pH 值为横坐标，相应的吸光度 A 为纵坐标，绘制 A-pH 曲线，确定适宜的 pH 范围。

3. 显色剂用量的确定

在 5 只 50mL 容量瓶中各加 1.0mL 2.0×10⁻³mol/L 铁标准溶液和 1.0mL 盐酸羟胺溶液，摇匀后放置 2min，分别加入 1.5g/L 邻二氮菲溶液 2、4、6、8、10mL，再各加入 5mL 1.0mol/L 乙酸钠溶液，以水稀释至刻度，摇匀。以水为参比，在选定波长下测量各溶液的吸光度。以显色剂邻二氮菲的体积为横坐标，相应的吸光度为纵坐标，绘制曲线，确定显色剂的用量。

4. 显色时间及络合物稳定性

在 1 只 50mL 容量瓶中加入 2.00mL 2.0×10⁻³mol/L 铁标准溶液和 1.0mL 盐酸羟胺溶液，摇匀后放置 2min，再加入 2mL 1.5g/L 邻二氮菲溶液、5mL 1.0mol/L 乙酸钠溶液，以水稀释至刻度，摇匀。以水为参比，在选定波长下测量吸光度。然后依次测量放置 5、10、30、60、120min 后的吸光度。以放置时间为横坐标，相应的吸光度为纵坐标，绘制 A-t 曲线，对络合物的稳定性作出判断。

（二）样品的测定

1. 标准曲线的测绘

在 6 只 50mL 容量瓶中，用吸量管分别加入 0.00、0.40、0.80、1.20、1.60、2.00mL 2.0×10⁻³mol/L 铁标准溶液，分别加入 1.0mL 盐酸羟胺溶液，摇匀后放置 2min，再各加入 1.5g/L 邻二氮菲溶液 6mL、乙酸钠溶液 5mL，以水稀释至刻度，摇匀。以试剂空白溶液（即

0.0mL 铁标准溶液试样）为参比，在所选择的波长下，测量各溶液的吸光度。以铁含量为横坐标，吸光度为纵坐标，绘制标准曲线。

2. 铁含量的测定

用吸量管移取未知铁试样溶液 1.0mL，按制作标准曲线的步骤显色后，在相同条件下测量吸光度，由标准曲线计算试样中微量铁的质量浓度。

（三）仪器使用说明

1. 722 型分光光度计

（1）打开开关，仪器预热 30 分钟。

（2）调节波长旋钮，使所需波长对准标线。

（3）待仪器稳定后，选择透射比按钮，调节 0％T，使数字显示为 0.00。

（4）将盛有参比溶液（蒸馏水）的吸收池置于光路中，盖上样品室盖，调节 100％T 使显示"100.0"。

（5）将样品溶液和参比溶液置于光路中，重复"调零""调 100％"，将样品溶液置于光路中，将选择开关置于"A"，显示值即为被测溶液的吸光度。

（6）测量完毕，打开样品室盖，取出吸收池，洗净擦干，关闭仪器电源，待仪器冷却后，盖上样品室盖，罩上仪器罩。

2. PHB-4 型便携式酸度计

（1）将清洗过的电极用滤纸吸干，排出球泡内的空气，将其与仪器接通，插上电源，打开开关。

（2）仪器校正

① 配制 pH＝6.86、4.00、9.18 标准溶液，分别倒入烧杯中，测量该溶液的温度，将温度补偿开关转到该温度。

② 定位：将电极浸入 pH＝6.86 标准溶液中，稍加搅动，静置，调"定位"旋钮使显示数值与该温度时标准溶液的数值一致。调定位前，把斜率放到最大。

③ 斜率：取出电极，洗净吸干，浸入 pH＝4.00 标准溶液中，搅动，静置，调"斜率"旋钮使显示值与标准值一致。

（3）测定：将校正好的电极清洗，吸干后浸入被测溶液中，搅动，静置，待数值稳定后，记下数值，即为被测溶液的 pH 值。（若测碱性溶液，则用 pH＝6.86 定位后，再用 pH＝9.18 的标准溶液调斜率。）

（4）测试完毕，关机，卸下电极，洗净，套上保护套。

五、数据记录与处理

1. 记录分光光度计型号、比色皿厚度，绘制吸收曲线和标准曲线。

2. 计算未知液中铁的含量，以每升未知液中含铁多少克表示（g/L）。

六、注意事项

1. 实验所用比色皿必须洗干净，不同比色皿之间的差异比较大，影响测试结果；
2. 各种试剂的添加顺序不能颠倒；
3. 通过吸收曲线选定最佳波长后不要再调换；
4. 测定标准曲线时，测定顺序为从低浓度到高浓度；
5. 所绘制曲线图均应有结论（即找出最佳值或最佳区间）。

课后参考
答案

七、思考题

1. 用邻二氮菲测定铁时，为什么要加入盐酸羟胺？其作用是什么？
2. 在有关条件实验中，均以水为参比，为什么在测绘标准曲线和测定试液时，要以试剂空白为参比？

实验2 分光光度法测定混合物中的铬、锰含量

一、实验目的

1. 进一步熟悉分光光度计的结构和正确的使用方法。
2. 了解吸光度加和性原理。
3. 掌握混合物光度法同时测定技术。

二、实验原理

本实验利用不同物质对光的吸收具有选择性的特征及吸光度加和性原理,实现混合物中铬和锰的同时测定。在 H_2SO_4 介质中,以 $AgNO_3$ 为催化剂,加入过量（NH_4）$_2S_2O_4$ 氧化剂,将混合液中的 Cr^{3+} 和 Mn^{2+} 氧化成 $Cr_2O_7^{2-}$ 和 MnO_4^-,但因为 $Cr_2O_7^{2-}$ 和 MnO_4^- 的吸收光谱重叠,两组分彼此相互干扰测定,可利用吸光度加和性原理:

$$A_{\lambda 1} = A_{x,\lambda 1} + A_{y,\lambda 1} = \varepsilon_{x,\lambda 1}bc_x + \varepsilon_{y,\lambda 1}bc_y$$
$$A_{\lambda 2} = A_{x,\lambda 2} + A_{y,\lambda 2} = \varepsilon_{x,\lambda 2}bc_x + \varepsilon_{y,\lambda 2}bc_y$$

然后,分别在 $Cr_2O_7^{2-}$ 和 MnO_4^- 两者的最大吸收峰处（理论值分别为 440nm 和 545nm）测定混合液的总吸光度,联立方程,根据 $Cr_2O_7^{2-}$ 和 MnO_4^- 标准溶液分别在 440nm 和 545nm 测得的吸收系数（吸光系数）,解联立方程求出混合液中 Cr^{3+} 和 Mn^{2+} 的浓度。

三、试剂和仪器

1. 试剂

1.0mol/L 铬标准溶液；0.50mol/L 锰标准溶液；H_2SO_4-H_3PO_4 混酸；0.5mol/L $AgNO_3$ 溶液；150g/L（NH_4）$_2S_2O_4$ 溶液（用时现配）；未知浓度 Cr^{3+}、Mn^{2+} 试样。

2. 仪器

722 型分光光度计；容量瓶；烧杯；洗瓶；滴管；擦镜纸；pH 计；移液管。

四、实验内容

1. 测绘 $Cr_2O_7^{2-}$ 和 MnO_4^- 溶液的吸收曲线

在两只 100mL 容量瓶中,分别加入 5.00mL 1.0mol/L 铬标准溶液和 1.00mL 0.50mol/L 锰标准溶液,然后各加入 30mL 水、10mL H_2SO_4-H_3PO_4 混酸、2mL 150g/L（NH_4）$_2S_2O_4$、10 滴 0.5mL 0.5mol/L $AgNO_3$ 溶液,沸水浴中加热,保持微沸 3～5min。待溶液颜色稳定后,冷

却，用水稀释至刻度，摇匀。再用 1cm 吸收池（事先挑选两个光学性质一致的吸收池），以蒸馏水为参比，在 360～760nm 范围内，每隔 10nm 测定一次各溶液的吸光度值，分别绘制 $Cr_2O_7^{2-}$ 和 MnO_4^- 的吸收曲线，确定各自的最大吸收波长。

2. Cr^{3+} 和 Mn^{2+} 含量的同时测定

在 1 只 100mL 容量瓶中，加入 1.00mL 试样溶液，然后依次加入 30mL 水、10mL H_2SO_4-H_3PO_4 混酸、2mL 150g/L（NH_4)$_2S_2O_4$ 溶液和 10 滴 0.50mol/L $AgNO_3$ 溶液，沸水浴中保持微沸 5min 以上，待溶液颜色稳定后，冷却，稀释至刻度，摇匀。用 1cm 吸收池，以蒸馏水为空白，分别在 $Cr_2O_7^{2-}$ 和 MnO_4^- 的 440nm 和 545nm 处测定混合液的吸光度。

五、数据记录与处理

1. 从吸收曲线上查出波长 440nm 和 545nm 处 Cr^{3+} 和 Mn^{2+} 标准溶液的吸光度值，根据标准溶液的浓度，由朗伯-比尔定律分别计算出 Cr^{3+} 和 Mn^{2+} 在两个波长下的摩尔吸光系数 ε。

2. 建立试样溶液显色后分别在 440nm 和 545nm 处测得的吸光度的联立方程，将上述计算所得的摩尔吸光系数带入，求出试样中 Cr^{3+} 和 Mn^{2+} 的浓度。

六、注意事项

1. 实验所用比色皿必须洗干净一致，不同比色皿之间的差异比较大，影响测试结果。
2. 各种试剂的添加顺序不能颠倒。
3. 绘制吸收曲线时在吸收峰附近每隔 5nm 测一次吸光度值。

课后参考答案

七、思考题

1. 为什么可用分光光度法测定混合试样中的铬和锰？
2. 根据吸收曲线，本实验可以选择测定波长为 420nm 和 550nm 吗？为什么？

实验 3　紫外光谱法测定水杨酸的含量

一、实验目的

1. 了解紫外-可见分光光度计的性能、结构及其使用方法。
2. 理解紫外光谱法定性、定量分析的基本原理和实验技术。
3. 掌握紫外光谱法测定水杨酸的原理和方法。

二、实验原理

紫外吸收光谱的定性分析可为化合物的定性提供依据。结构不同的分子，只要具有相同的生色团，它们的最大吸收波长就相同。因此，通过对未知化合物的扫描光谱、最大吸收波长与已知化合物的标准光谱图在相同溶剂和测量条件下进行比较，就可获得基础鉴定。利用紫外吸收光谱进行定量分析时，必须选择合适的测定波长。苯甲酸和水杨酸的紫外吸收光谱如图 3-1 所示。

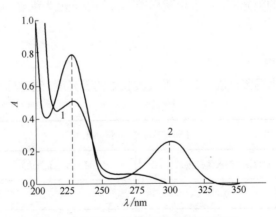

图 3-1　苯甲酸与水杨酸紫外吸收光谱图

1—苯甲酸；2—水杨酸

水杨酸在波长 300nm 处有吸收峰，而苯甲酸此处无吸收，在波长 230nm 两组吸收峰重叠，为了避开其干扰，选用 300nm 波长作为测定水杨酸的工作波长。由于乙醇在 250~350nm 无吸收干扰，因此可以 60%乙醇为参比溶液。

三、试剂和仪器

1. 试剂

水杨酸对照品（分析纯）；苯甲酸酸对照品（分析纯）；60%乙醇溶液（自制）；待测试液。

2. 仪器

紫外-可见分光光度计；容量瓶；吸量管等。

四、实验内容

1. 标准溶液的制备

（1）准确称取 0.0500g 水杨酸置于 100mL 烧杯中，用 60%乙醇溶解后，转移到 100mL 容量瓶中，以 60%乙醇稀释至刻度，摇匀。此水杨酸标准溶液浓度为 0.5mg/mL。同法配制浓度为 0.5mg/mL 的苯甲酸标准溶液 100mL。

（2）将 5 个 50mL 容量瓶按 1～5 依次编号。分别移取浓度为 0.5mg/mL 水杨酸标准溶液 0.50、1.00、2.00、3.00、4.00mL 于相应编号容量瓶中，各加入 60%乙醇溶液，稀释至刻度，摇匀。

2. 标准曲线的绘制

（1）用 1cm 石英吸收池，以 60%乙醇为参比溶液，在 200～350nm 波长范围内分别测定水杨酸标准溶液和苯甲酸标准溶液的紫外吸收光谱，确定测定波长。

（2）在选定的测定波长下，以 60%乙醇为参比溶液，由低浓度到高浓度测定水杨酸标准溶液系列及未知液的吸光度。以水杨酸标准溶液的吸光度为纵坐标，浓度为横坐标绘制标准曲线。

3. 未知样品的测定

测定未知浓度的水杨酸试液在最大吸收波长处的吸光度，通过标准曲线计算水杨酸试样中水杨酸的含量。

标准溶液浓度：0.5mg/mL		
编号	移取标准溶液体积/mL	溶液浓度/（μg/mL）	吸光度（A）
空白	0	0	
标 1	0.5	5	
标 2	1	10	
标 3	2	20	
标 4	3	30	
标 5	4	40	

未知浓度溶液		
编号	未知溶液吸光度（A）	溶液浓度/（μg/mL）
未知溶液		

五、数据记录与处理

1. 根据某一浓度下的全波长扫描图，确定最佳吸收波长。
2. 绘制标准曲线，计算工作曲线方程。
3. 计算未知样中水杨酸的浓度。

六、注意事项

1. 配制样品前要将所使用的玻璃仪器清洗干净。
2. 移取标准溶液之前要润洗移液管。
3. 测量前用待测液润洗比色皿，测量由低浓度到高浓度依次进行。

课后参考
答案

七、思考题

1. 为什么选用 300nm 而不选用 230nm 波长进行水杨酸的定量分析？
2. 本实验为什么用 60%乙醇作参比溶液？

实验 4   紫外-可见分光光度法测定苯酚的含量

一、实验目的

1. 掌握应用紫外-可见分光光度法测定苯酚的原理和方法。
2. 学习紫外-可见分光光度计进行定量分析的方法和基本操作。

二、实验原理

苯酚是工业废水中的一种有害物质，如果流入江河，会使水质受到污染，因此在检测饮用水的卫生质量时，需对水中苯酚含量进行测定。

苯具有环状共轭体系，由 π→π* 跃迁在紫外吸收光区产生三个特征吸收带：强度较高的 E1 带，出现在 180nm 左右；中等强度的 E2 带，出现在 204nm 左右；强度较弱的 B 带，出现在 255nm。有机溶剂、苯环上的取代基及其取代位置都可能对最大吸收峰的波长、强度和形状产生影响。具有苯环结构的化合物在紫外光区均有较强的特征吸收峰，在苯环上的部分取代基（助色团）使吸收增强，而苯酚在 270nm 处有特征吸收峰，在一定范围内其吸收强度与苯酚的含量成正比，符合朗伯-比尔（Lambert-Beer）定律，因此，可用紫外-可见分光光度法直接测定水中苯酚的含量。其中，最大吸收波长 λ、摩尔吸收系数 ε 及吸收曲线的形状不同是进行物质定性分析的依据。

由于在 λ_{max} 处吸光度 A 有最大值，在此波长下 A 随浓度的变化最为明显，方法的灵敏度最大，故在紫外-可见分光光度计上作苯酚水溶液（试液）的吸收光谱曲线，再在曲线上找出 λ_{max}，据此对物质进行定量分析。用紫外-可见分光光度计进行定量分析时，若被分析物质浓度太低或太高，可通过浓缩或稀释使透光率的读数扩展或缩小，有利于低浓度或高浓度的分析。

三、试剂和仪器

1. 试剂

100mg/L 苯酚（AR）；样品溶液（未知浓度）。

2. 仪器

紫外-可见分光光度计；移液管；容量瓶；烧杯；吸耳球等。

四、实验内容

1. 标准溶液的配制

取 5 支 50mL 的容量瓶，分别编号为 1、2、3、4、5，向其中分别移取 1.0、2.0、3.0、

4.0、5.0mL 的 100mg/L 的苯酚溶液，并用去离子水定容于 25mL 容量瓶中。

2. 确定最大吸收波长

取苯酚标准溶液浓度为 16mg/L 的溶液，在紫外可见分光光度计上用 1cm 石英吸收池，以溶剂（去离子水）作参比溶液，在 200～300nm 波长范围内进行扫描。在苯酚的紫外吸收曲线上找出最大吸收波长。

3. 标准曲线的测定

用 1cm 石英比色皿，以溶剂空白为参比，按浓度由低到高顺序依次测定 1～6 号苯酚标准溶液，分别找出最大吸收波长处（270nm 左右）的吸光度。实验数据记录于标准表中。以吸光度对浓度作图，作出标准工作曲线。

编号	1	2	3	4	5	6	待测样品
浓度/（mg/L）	4	8	12	16	20	100	
吸光度							

4. 待测溶液的测定

取 10mL 待测溶液于 25mL 容量瓶中，去离子水稀释至刻度。用 1cm 石英比色皿，以溶剂空白（去离子水）作参比，测定待测溶液的吸光度。根据在最大吸收波长（270nm 左右）处的吸光度在标准工作曲线上查出样品溶液中苯酚的浓度。

五、数据记录与处理

1. 根据某一浓度下的全波长扫描图，确定最佳吸收波长。
2. 绘制标准曲线，计算工作曲线方程。
3. 计算未知样中苯酚的浓度。

六、注意事项

1. 配制样品前要将所使用的玻璃仪器清洗干净。
2. 移取标准溶液之前要润洗移液管。
3. 测量前用待测液润洗比色皿，测量由低浓度到高浓度依次进行。

课后参考
答案

七、思考题

苯酚的紫外吸收光谱中 210nm、270nm 的吸收峰是由哪类价电子跃迁产生的？

实验 5　红外光谱测定有机化合物的结构

一、实验目的

1. 了解红外光谱仪的使用方法。
2. 掌握用红外光谱仪测定有机化合物的结构。
3. 学会根据已知条件，对红外图谱进行解析。

二、实验原理

1. 用已知标准物对照

已知物对照应由标准试样和待测试样在完全相同的工作条件下，分别测绘出红外光谱进行对照，若图谱相同，则为同一化合物。

2. 标准图谱查对法

根据待测试样的来源、物理常数、分子式及图谱中的特征谱带，查对标准谱图，确定化合物。

三、试剂和仪器

1. 试剂

苯乙酮（AR）；苯甲酸（s，AR）；无水乙醇（AR）。

2. 仪器

Nicolet 5700 型傅里叶变换红外光谱仪；手压式压片机；玛瑙研钵；红外干燥箱；KBr 片。

四、实验内容

1. 样品的制备

（1）取干燥的 KBr 100～200mg 在玛瑙研钵中研细，颗粒粒度为 2μm 左右。

（2）取出少许放入压模内，置于压片机上，手动压制模片，制成透明的薄片。

（3）取干燥的苯甲酸试样 1～2mg 混入研磨后的 KBr 中，继续研磨均匀，取出少许放入压模内，置于压片机上，手动压制模片，制成透明的薄片。

2. 固体试样苯甲酸的红外光谱吸收谱图的测绘

（1）将 KBr 压模片装在试样架上，插入 Nicolet 5700 型傅里叶变换红外光谱仪的光路中作为背景，按仪器操作方法从 $4000cm^{-1}$ 描至 $650cm^{-1}$。

（2）背景扫描结束后，取出试样架，将苯甲酸试样薄片装在试样架上，插入 Nicolet 5700 型傅里叶变换红外光谱仪的光路中，按仪器操作方法从 $4000cm^{-1}$ 扫描至 $650cm^{-1}$，标峰后打印出谱图。

（3）扫描结束后，取出试样架，取出薄片，用脱脂棉蘸无水乙醇将模具、试样架等擦净。

（4）对谱图进行分析，找出主要吸收峰的归属。

3. 液体试样苯乙酮的红外光谱吸收谱图的测绘

（1）小心取出 KBr 盐片放入试样池中，将其插入按照仪器操作方法从 $4000cm^{-1}$ 扫描至 $650cm^{-1}$。

（2）取出装有 KBr 盐片的液体试样池，将苯乙酮试样 1 滴滴在 KBr 盐片上形成液膜，将其插入 Nicolet 5700 型傅里叶变换红外光谱仪的光路中，按仪器操作方法从 $4000cm^{-1}$ 扫描至 $650cm^{-1}$，标峰后打印出谱图。

（3）取出装有 KBr 盐片的试样池，小心取出 KBr 盐片，用无水乙醇润洗 3 次以彻底洗去试样残留，再用镜头纸擦干；将洗净的 KBr 盐片置于红外灯下烘干（温度≤50℃）后，放入干燥器中保存。重新组装空白试样池（仅含洁净 KBr 盐片），将其插入 Nicolet 5700 型傅里叶变换红外光谱仪的光路中，按仪器操作流程执行背景扫描（$4000\sim650cm^{-1}$），确保后续样品测试扣除背景干扰。

（4）对谱图进行分析，找出主要吸收峰的归属。

五、数据记录与处理

对谱图进行分析，找出苯甲酸和苯乙酮主要吸收峰的归属。

六、注意事项

1. KBr 应干燥无水，固体试样研磨和放置均应在红外灯下，防止吸水变潮；KBr 和样品的质量比约在（$100\sim200$）∶1 之间。

2. 在制样时，尽量避免引入杂质，并掌握压片的厚度，以得到一个质量好的透明压片。

3. 试样的浓度和测试厚度应适当，以使光谱图中大多数吸收峰的透射比处于 10%～80% 范围内。

课后参考
答案

七、思考题

1. 用压片法制样时，为什么要求将固体试样研磨到颗粒粒度约为2μm？为什么要求 KBr 粉末干燥，避免吸水受潮？

2. 在测定固体红外谱图时，如果没有把水分完全除去，对实验结果有什么影响？

3. 用 FT-IR 仪测试样品的红外光谱时为什么要先测试背景？

实验 6　红外光谱法对果糖和葡萄糖的定性分析

一、实验目的

1. 熟练掌握红外光谱仪的使用方法。
2. 熟练掌握压片的技巧。
3. 学会根据已知条件，对红外图谱进行解析。

二、实验原理

红外光的波长较大，能量较紫外光和可见光较小，当红外光照射到物质表面时，会引起分子的振动能级和转动能级的跃迁。红外光谱所研究的是分子振动中伴有偶极矩变化的化合物，当这些化合物吸收红外光后，分子将产生不同方式的振动，消耗光能。根据红外光图谱中波谷对应的波数，查阅标准物质红外光图谱，确定待测物质的组成或者所包含的官能团及不饱和度等信息，从而确定待测物质的结构。本实验中，当果糖和葡萄糖受到红外光谱照射，分子吸收某些频率的辐射，其分子振动和转动能级发生从基态到激发态的跃迁，使相应的透射光强度减弱。以红外光的透射比对波数或波长作图，就可以得到果糖和葡萄糖的红外光谱图。

三、试剂和仪器

1. 试剂

葡萄糖（s，AR）；果糖（s，AR）；无水乙醇（AR）。

2. 仪器

Nicolet 5700 型傅里叶变换红外光谱仪；手压式压片机；玛瑙研钵；红外干燥箱；KBr 片。

四、实验内容

1. 样品制备

（1）取干燥的 KBr 100～200mg 在玛瑙研钵中研细，颗粒粒度为 2μm 左右。
（2）取出少许放入压模内，置于压片机上，手动压制模片，制成透明的薄片。
（3）取干燥的果糖或葡萄糖试样 1～2mg 混入研磨后的 KBr 中，继续研磨均匀，取出少许放入压模内，置于压片机上，手动压制模片，制成透明的薄片。

2. 果糖和葡萄糖的红外光谱吸收谱图的测绘

（1）将 KBr 压模片装在试样架上，插入 Nicolet 5700 型傅里叶变换红外光谱仪的光路中作为背景，按仪器操作方法从 $4000cm^{-1}$ 扫描至 $650cm^{-1}$。

（2）背景扫描结束后，取出试样架，将苯甲酸试样薄片装在试样架上，插入 Nicolet 5700 型傅里叶变换红外光谱仪的光路中，按仪器操作方法从 $4000cm^{-1}$ 扫描至 $650cm^{-1}$，标峰后打印出谱图。

（3）扫描结束后，取出试样架，取出薄片，用脱脂棉蘸无水乙醇将模具、试样架等擦净。

五、数据记录与处理

对谱图进行分析，找出主要吸收峰的归属。

六、注意事项

1. KBr 应干燥无水，固体试样研磨和放置均应在红外灯下，防止吸水变潮；KBr 和样品的质量比约在（100～200）∶1 之间。

2. 在制样时，尽量避免引入杂质，并掌握压片的厚度，以得到一个质量好的透明压片。

3. 试样的浓度和测试厚度应适当，以使光谱图中大多数吸收峰的透射比处于 10%～80% 范围内。

课后参考
答案

七、思考题

为什么葡萄糖的标准谱图中没有羰基吸收峰？

实验 7　分子荧光法测定奎宁的含量

一、实验目的

1. 掌握荧光分析法的基本原理。
2. 掌握荧光分光光度计的基本结构及操作方法。
3. 掌握荧光分析法的定量分析方法（标准曲线法）。

二、实验原理

奎宁在稀硫酸溶液中是强荧光物质，它有 250nm 和 350nm 两个激发波长，荧光发射峰在 450nm。当荧光物质处于低浓度时，荧光强度与荧光物质浓度成正比，根据这种正比关系可以测算出标准曲线，再根据标准曲线和未知样品的荧光强度 I_f，就可以求出未知样品的浓度。

$$I_f = kc$$

三、试剂和仪器

1. 试剂

10.0mg/mL 奎宁标准溶液；未知浓度的奎宁样品溶液；0.05mol/L 硫酸溶液。

2. 仪器

Cary Eclipse 荧光光谱仪；容量瓶；移液管。

四、实验内容

1. 系列标准溶液的配制

取 6 只 50mL 容量瓶，分别加入 10.0mg/mL 的奎宁标准溶液 0、2.00、4.00、6.00、8.00、10.00mL，用 0.05mol/L 的硫酸溶液稀释到刻度，摇匀。

2. 未知试样的测定

取 5.00mL 未知浓度的奎宁溶液于 50mL 容量瓶中，用 0.05mol/L 的硫酸溶液稀释到刻度，摇匀。

3. 激发光谱和荧光发射光谱扫描

以 450nm 为发射波长，在 200～400nm 范围扫描激发谱；以 350nm 为激发波长，在

400~600nm 范围扫描荧光发射光谱。

4. 绘制标准曲线

（1）将激发波长固定在 350nm，荧光发射波长固定在 450nm，测量系列标准溶液的荧光强度。

（2）利用 Origin 软件，输入标准溶液的浓度和对应的荧光强度，绘制标准曲线。根据标准曲线和未知试样的荧光强度求算出未知试样的浓度。

五、数据记录与处理

绘制硫酸奎宁的荧光激发光谱和发射光谱，并指出硫酸奎宁的最大激发波长和最大发射波长；绘制标准曲线，求算出标准曲线方程并求算出未知试液中硫酸奎宁的含量。

六、注意事项

奎宁溶液必须当天配制，避光保存。

课后参考
答案

七、思考题

1. 哪些因素可能会对奎宁荧光产生影响？
2. 能用 0.05mol/L 的 HCl 代替 0.05mol/L 的硫酸溶液吗？为什么？

实验 8　分子荧光法测定维生素 B₂ 含量

一、实验目的

1. 掌握荧光分析法的基本原理。
2. 掌握荧光分光光度计的基本结构及操作方法。
3. 掌握利用荧光分析法对维生素 B_2 进行定量（标准曲线法）。

二、实验原理

维生素 B_2（即核黄素）在 230～490nm 范围波长的光照射下，发出黄绿色荧光，其峰值波长为 525nm。在酸性条件下荧光较强，在碱性溶液中随碱性增加荧光减弱甚至消失，其荧光在 pH=6～7 时最强，其激发波长为 467nm，发射波长为 525nm。在稀溶液中，其荧光强度与浓度成正比，基于这种关系可进行维生素 B_2 的定量分析。

三、试剂和仪器

1. 试剂

10mg/L 维生素 B_2 标准溶液；0.03mol/L 醋酸溶液；未知浓度的维生素 B_2 溶液。

2. 仪器

Cary Eclipse 荧光光谱仪；容量瓶；移液管。

四、实验内容

1. 系列标准溶液的配制

取 6 只 50mL 容量瓶，分别加入 10mg/L 的维生素 B_2 标准溶液 0、1.00、2.00、3.00、4.00、5.00mL，用 0.03mol/L 醋酸溶液稀释到刻度，摇匀。

2. 未知试样的测定

取 2.50mL 未知浓度的维生素 B_2 溶液于 50mL 容量瓶中，用 0.03mol/L 醋酸溶液稀释到刻度，摇匀。

3. 绘制激发光谱和荧光发射光谱

以 525nm 为发射波长，在 200～500nm 范围扫描激发光谱；以 467nm 为激发波长，在 400～600nm 范围扫描荧光发射光谱。

4. 绘制标准曲线

（1）将激发波长固定在 467nm，荧光发射波长固定在 525nm，测量系列标准溶液的荧光强度。

（2）利用 Origin 软件，输入标准溶液的浓度和对应的荧光强度，绘制标准曲线。根据标准曲线和未知试样的荧光强度求算出未知试样的浓度。

五、数据记录与处理

绘制维生素 B_2 的荧光激发光谱和发射光谱，并指出维生素 B_2 的最大激发波长和最大发射波长；绘制标准曲线，求算出标准曲线方程并求算出未知试液中硫酸奎宁的含量。

六、注意事项

课后参考
答案

维生素 B_2 溶液必须当天配制，避光保存。

七、思考题

1. 维生素 B_2 在 pH=6～7 时荧光最强，为什么实验还是在酸性条件下进行？
2. 如何减小实验误差？

实验 9　火焰原子吸收光谱法灵敏度和自来水中镁的测定

一、实验目的

1. 熟悉原子吸收分光光度计的工作原理和使用方法。
2. 掌握火焰原子吸收光谱法灵敏度和自来水中镁的测定原理和方法。
3. 进一步掌握移液管和容量瓶的使用。

二、实验原理

在使用锐线光源条件下，基态原子蒸气对共振线的吸收，符合朗伯-比尔定律，即

$$A=\lg（I_0/I）=KLN_0$$

在试样原子化时，火焰温度低于 3000K 时，对大多数元素来讲，原子蒸气在基态原子的数目实际上十分接近原子总数。在一定实验条件下，待测元素的原子总数目与该元素在试样中的浓度成正比。则：

$$A=kc$$

用 A-c 标准曲线或标准加入法，可以求算出元素的含量。

采用标准曲线法时，需配制一系列待测元素的标准溶液，分别测出它们的吸光度 A，以 A 对 c 作图，经线性回归得到标准曲线。在与测量标准曲线相同的分析条件下，测出待测试液的吸光度 A_x，由 A_x 在标准曲线下查得待测元素的浓度 c_x。

采用标准加入法时，一般是量取 5 份等量的待测试液，在其中 4 份中分别加入不同量的待测元素的标准溶液，再稀释到同一体积，然后分别测定其吸光度。绘制吸光度对待测元素加入量的曲线，将此曲线外推，与浓度坐标的交点即为试样中待测元素的含量。

由原子吸收法灵敏度的定义，按下式计算其灵敏度 S。

$$S=\frac{c\times0.0044}{A}（\mu g\cdot mL^{-1}\text{ 或 }\mu g\cdot L^{-1}/1\%）$$

式中　S——灵敏度，$\mu g\cdot mL^{-1}$ 或 $\mu g\cdot L^{-1}/1\%$吸收；

　　　c——被测元素的标准溶液浓度，$\mu g/mL$ 或 $\mu g/L$；

　　　A——标准溶液在特征波长下的平均吸光度值；

　0.0044——1%吸收对应的吸光度（即 A=0.0044 时，透光率 T=99%）。

三、试剂和仪器

1. 试剂

1.0g/L（即 1.0mg/mL）镁标准贮备液；50mg/L（即 50μg/mL）镁标准使用液；MgO（GR）；

HCl（AR）。

2. 仪器

0.2mL、0.5mL 和 1.0mL 吸量管；50mL 和 100mL 容量瓶；100mL 烧杯；Z-2000 型原子吸收分光光度计（日本日立公司制造）；镁空心阴极灯；空气压缩机；乙炔钢瓶。

四、实验内容

1. 工作条件的设置

吸收线波长 Mg 285.2nm，空心阴极灯电流 7.5mA，狭缝宽度 1.3nm，原子化器高度 7.5mm，空气流量 15L/min，空气压力 160kPa，乙炔流量 2.2L/min。

2. 标准曲线法

准确移取 50mg/L 镁标准使用液 0.10、0.20、0.30、0.40、0.50mL 分别于 50mL 容量瓶中，用二次蒸馏水稀释至刻度，摇匀，即得 0.10、0.20、0.30、0.40、0.50mg/L 镁系列标准溶液。

准确移取 2.50mL 自来水样两份分别于 100mL 容量瓶中，用二次蒸馏水稀释至刻度，摇匀。

在最佳工作条件下，以二次蒸馏水为空白，由稀至浓逐个测量镁系列标准溶液的吸光度，最后测量自来水样的吸光度 A。

3. 标准加入法

在 5 只 50mL 容量瓶中，各加入 0.50mL 自来水样，再分别加入 50mg/L 镁标准使用液 0.10、0.20、0.30、0.40、0.50mL，用二次蒸馏水稀释至刻度，摇匀。在最佳工作条件下，以二次蒸馏水为空白，由稀至浓逐个测量各溶液的吸光度 A。

五、数据记录与处理

1. 准确记录各吸光度数据，绘制镁的 A-c 标准曲线，由未知样的吸光度 A_x，求算出自来水中镁含量（mg/L）。或将数据输入微机，按一元线性回归计算程序，计算镁的含量。

2. 由吸光度数据计算镁灵敏度 S，并列表表示。

六、注意事项

1. 实验结束后，用蒸馏水喷洗原子化系统 2min，按关机程序关机。最后关闭乙炔钢瓶阀门，旋松乙炔稳压阀，关闭空压机和通风机电源。

2. 乙炔为易燃易爆气体，必须严格按照操作步骤工作。在点燃乙炔火焰之前，应先开空气，后开乙炔气；结束或暂停实验时，应先关乙炔气，后关空气。乙炔钢瓶的工作压力，一定要控制在规定范围内，不得超压工作。切记保障安全。

3. 仪器总电源关闭后，若需立即开机使用，应在断电后停机 5min 再开机，否则会损坏仪器。

七、思考题

课后参考
答案

1. 为什么空气、乙炔流量会影响吸光度的大小？

2. 为什么要配制镁标准使用溶液？所配制的镁系列标准溶液可以放到第二天再继续使用吗？为什么？

实验 10　石墨炉原子吸收法光谱法灵敏度和自来水中铜含量的测定

一、实验目的

1. 加深理解原子吸收分光光度计的工作原理和使用方法。
2. 掌握石墨炉原子吸收光谱法灵敏度和自来水中铜的测定原理和方法。
3. 进一步掌握移液管和容量瓶的使用。

二、实验原理

同实验 9。

三、试剂和仪器

1. 试剂

1.0g/L（即 1.0mg/mL）铜标准贮备液；20mg/L（即 20μg/mL）铜标准使用液；1∶1 硝酸（AR）；200μg/L 铜标准使用液；铜（GR）；1∶1 硝酸（AR）；配制用水均为二次蒸馏水。

2. 仪器

5.0mL 吸量管；50mL 容量瓶；25mL 移液管；100mL 烧杯；Z-2000 型原子吸收分光光度计（日本日立公司制造）；铜空心阴极灯；恒温水机；氩气钢瓶。

四、实验内容

1. 工作条件的设置

吸收线波长 Cu 324.8nm，空心阴极灯电流 7.5mA，狭缝宽度 1.3nm，氩气压力 0.5MPa，恒温水室温±5℃范围，进样量 20μL。

程序升温程序：

项目	开始温度 /℃	结束温度 /℃	斜坡时间 /s	保持时间 /s	氩气流率 /（mL/min）
干燥	80	140	40		200

续表

项目	开始温度 /℃	结束温度 /℃	斜坡时间 /s	保持时间 /s	氩气流率 / (mL/min)
灰化	600	600	20		200
原子化	2400	2400		5	30
清洗	2500	2500		4	200
冷却	0	0		12	200

2. 标准曲线法

准确移取 200μg/L 铜标准使用液 1.00、2.00、3.00、4.00、5.00mL 分别于 50mL 容量瓶中，用二次蒸馏水稀释至刻度，摇匀，即得 4.0、8.0、12.0、16.0、20.0μg/L 铜系列标准溶液，分别放于 1#、2#、3#、4#、5#样品杯中。

取纯水一份和自来水样两份分别于 6#、7#、8#样品杯中，另取一份纯水放于 9#样品杯中。

打开抽风机，在最佳工作条件下，由稀至浓逐个测量铜系列标准溶液的吸光度，最后测量自来水样的吸光度 A。

3. 标准加入法

在 5 只 50mL 容量瓶中，各加入 25.00mL 自来水样，再分别加入 200μg/L 铜标准使用液 1.00、2.00、3.00、4.00、5.00mL，用二次蒸馏水稀释至刻度，摇匀。打开抽风机，在最佳工作条件下，以二次蒸馏水为空白，由稀至浓逐个测量各溶液的吸光度 A。

五、数据记录与处理

1. 准确记录各吸光度数据，绘制铜的 A-c 标准曲线，由未知样的吸光度 A_x，求算出自来水中铜含量（μg/L）。或将数据输入微机，按一元线性回归计算程序，计算铜的含量。

2. 由吸光度数据计算铜灵敏度 S，并列表表示。

六、注意事项

1. 实验结束后，按关机程序关机。最后关闭氩气钢瓶阀门，关闭恒温水和通风机电源。

2. 强磁铁对安有心脏起搏器的人有伤害。

3. 仪器总电源关闭后，若需立即开机使用，应在断电后停机 5min 再开机，否则会损坏仪器。

七、思考题

课后参考

答案

为什么要配制铜标准使用溶液？所配制的铜系列标准溶液可以放到第二天再继续使用吗？为什么？

实验 11 玻璃电极响应斜率和溶液 pH 的测定

一、实验目的

1. 理解直接电位法测定溶液 pH 的原理。
2. 掌握酸度计测定溶液 pH 的方法和操作技术。
3. 学习玻璃电极响应斜率的测定方法。

二、实验原理

pH 是表示溶液酸碱度的一种指标,其理论定义为 pH=-lgα_{H^+},α_{H^+}表示溶液中氢离子的活度。目前比较精确的 pH 测量都需要用电化学方法,就是根据能斯特方程,用酸度计测量电动势来确定 pH。该方法常用玻璃电极为指示电极,饱和甘汞电极为参比电极,与被测溶液组成如下电池:

(+) Ag,AgCl│内参比液│玻璃膜│试液溶液‖KCl(饱和)│Hg₂Cl₂,Hg(-)

电池的电动势与氢离子活度 α_1 和 α_2 有关,假定在测量过程中,不对称电位和液接电位不变。

$$E_{电池} = K + \frac{2.303RT}{F}pH（25℃）$$
$$= K + 0.059pH（25℃）$$

K 值在一定条件下虽有定值,但却不能准确测定或计算得到,故在实际测量时要先用已知 pH 值的标准缓冲溶液来调节酸度计,称为"定位"。使 $E_{电池}$ 和溶液 pH 的关系能满足上式,然后再在相同条件下,测量被测溶液的 pH,这两个电池的电动势分别如下。

pH 标准溶液: $E_s = K_s + \frac{2.303RT}{F}pH_s$

被测未知溶液: $E_x = K_x + \frac{2.303RT}{F}pH_x$

因为测量条件(温度、电极)相同,上面两式联合可得到 pH 的实际定义:

$$pH_x = pH_s + \frac{E_x - E_s}{2.303RT/F}pH_x$$

可见 pH 的测量是相对的,每次测量的 pH 试液都是与其 pH 最接近的标准缓冲溶液进行对比的测量结果。结果的准确度首先决定于标准缓冲溶液 pH 值的准确度。

三、试剂和仪器

1. 试剂

pH=4.00、6.86 和 9.18 标准缓冲溶液(市售袋装标准缓冲溶液试剂,按规定配制);1.0mol/L

107

HAc 溶液；1.0mol/L NaAc 溶液；未知 pH 试液。

2. 仪器

PHS-3C 型酸度计；复合玻璃电极（雷磁 E-201-C 型塑料壳可充式电极）；广泛 pH 试纸；小烧杯；滤纸。

四、实验内容

1. 玻璃电极响应斜率的测定

一支功能良好的玻璃电极，应该有理论上的 Nernst 响应，即在不同 pH 的缓冲溶液中测得的电极电位与 pH 呈直线关系，在 25℃其斜率为 59mV/pH。测定方法如下。

（1）接通仪器电源，按使用说明调零、校正、安装电极。在 50mL 烧杯中盛 30mL 左右的 pH=4.00 的标准缓冲溶液，将电极浸入其中，按下 mV 挡。不时摇动烧杯，指针稳定后读数，记下数据 E（单位为 mV）。

（2）用去离子水轻轻冲洗电极，用滤纸吸干。在 50mL 烧杯中盛 30mL 左右的硼砂溶液，不时摇动烧杯，使指针稳定后读数，记下数据 E（单位为 mV）。

（3）同（2）的操作，更换 pH=6.86 的缓冲溶液，测其 E 值。

2. 试液 pH 的测定

（1）分别取 HAc（1.0mol/mL）1.0、2.0、3.0、4.0、5.0、6.0、7.0、8.0、9.0mL，对应取 NaAc（1.0mol/mL）9.0、8.0、7.0、6.0、5.0、4.0、3.0、2.0、1.0mL 混合稀释至 100mL。

（2）把测量开关旋至 pH 挡；将电极用水冲洗干净，用滤纸吸干。先用广泛 pH 试纸初测试液的 pH，再用与试液 pH 相近的标准缓冲溶液校正仪器（例如：测 pH 为 5.0 左右的试液，应选用 pH=6.86 的标准缓冲溶液定位，pH=4.00 的标准缓冲溶液调斜率）。

（3）校正完毕后，不得再转动定位和斜率调节旋钮，否则应重新进行校正工作。用蒸馏水冲洗电极，用滤纸吸干后，将电极插入试液中，摇动烧杯，使指针稳定后由仪器刻度表读出 pH。

（4）取下电极，用水冲洗干净，妥善保存，实验完毕。

五、数据记录与处理

1. 用以上测得的 E 值对 pH 作图，求其直线的斜率。该斜率为玻璃电极的响应斜率，若电极响应斜率偏离理论值（59mV/pH）很多，则此电极不能使用。

2. 记录所测试样溶液的 pH，并与理论值对比计算其误差。

六、注意事项

1. 实验前电极表面要处理干净。

2. 为了使液相传质过程只受扩散控制，应在加入电解质和溶液后先搅拌均匀再静置后进行电解。

3. 每次扫描之间，为使电极表面恢复初始状态，应将电极提起后再放入溶液中，或将溶液搅拌，静置溶液后再扫描。

七、思考题

课后参考
答案

1. 测定 pH 时，为什么要选用 pH 与待测溶液的 pH 相近的标准缓冲溶液来定位？
2. 为什么普通的毫伏计不能用于测量 pH？

实验 12　自来水中含氟量的测定——标准曲线法和标准加入法

一、实验目的

1. 加深理解直接电位法的测定原理。
2. 掌握标准曲线法和标准加入法测定氟离子含量的方法和原理。
3. 掌握氟离子选择性电极的使用。

二、实验原理

氟离子选择性电极是一种由 LaF_3 单晶制成的电化学传感器。将氟离子选择电极和参比电极（饱和甘汞电极）插入试液中，由于氟电极对氟离子活度有响应，它的电极电位与氟离子活度的大小有关，而参比电极电势则保持恒定，所以通过测定这两个电极间的电位差可确定溶液氟离子活度的大小。用氟电极测定氟离子活度时，最适宜的 pH 范围为 5.5～6.5。Fe^{3+}、Al^{3+} 等离子能与试液中的氟离子生成配合物，对测定有干扰，加入大量的柠檬酸，可以消除干扰。用离子选择性电极测量的是溶液中离子的活度而不是浓度，因此必须使试液和标准溶液的离子强度相同。

本实验中加入总离子强度调节剂（TISAB）来达到基本固定离子强度，控制溶液 pH 及配合物溶液中的 Fe^{3+}、Al^{3+} 等干扰离子的目的。即当控制测定体系的离子强度为一定值时，电池的电动势与氟离子浓度的对数值呈线性关系。通过以 E 对 $\lg c_{F^-}$ 绘制标准曲线图及一次标准加入法，从而求得未知液中的氟离子含量。

三、试剂和仪器

1. 试剂

0.1mol/L F 离子标准贮备液；总离子强度缓冲溶液（TISAB）。

2. 仪器

PHS-3C 型酸度计或离子计；氟离子选择性电极；饱和甘汞电极；电磁搅拌器。

四、实验内容

1. 1.00×10^{-3}mol/L F 标准溶液的配制

取 0.1mol/L 氟离子标准贮备液 1.00mL 定容于 100mL 容量瓶中。

2. 氟离子选择电极的准备

接通酸度计（或电位计）电源，预热 20min，校正仪器，调仪器零点。氟离子选择性电极接负极，饱和甘汞电极接正极，将两电极置于盛有去离子水的烧杯中，启动搅拌器，使电位值在-300mV以下（空白电位）。若读数大于-300mV，则更换去离子水，如此反复几次即可达到电极的空白值。若仍不能使电位小于-300mV，可用金相砂纸轻轻擦拭氟离子电极，继续清洗至-300mV。

3. 标准曲线的绘制

分别吸取 1.00×10^{-3} mol/L F⁻ 标准溶液 0.50、1.00、3.00、5.00、7.00 和 10.00mL 于 100mL 容量瓶中，加 20mL 总离子强度缓冲溶液，定容，待用。将上述标准溶液依浓度由低到高的顺序转入干燥的塑料烧杯中，插入电极，启动搅拌器搅拌约 5～8min，停止搅拌，记录平衡电位 E。

4. 水样的测定

取水样 50.00mL 于 100mL 容量瓶中，加 20mL 总离子强度缓冲溶液，定容后全部转移至塑料烧杯中，测量并记录其电位值 E_1（测定之前，需将离子选择性电极洗至空白电位）。然后加入 1.00mL 0.1mol/L F⁻ 标准溶液，同样测出电位值 E_2，计算出其差值（$\Delta E = E_2 - E_1$）。

五、数据记录与处理

1. 以 E 为纵坐标，$\lg c_{F^-}$ 为横坐标，制作标准曲线，求出氟离子选择性电极的响应斜率 S。
2. 根据水样电位值 E 从标准曲线上查出相应的 $\lg c_{F^-}$，并计算出自来水样中氟离子的浓度 c_{F^-}。
3. 根据上述步骤 4 一次标准加入法所得的 ΔE 和实际测定的电位斜率 S 代入下式计算水样中氟离子的浓度：

$$c_{F^-} = \frac{c_s V_s}{V_x + V_s}(10^{\Delta E/S} - 1)^{-1}$$

式中，c_s 和 V_s 分别为标准溶液的浓度和体积；c_{F^-} 和 V_x 为试液的氟离子浓度和体积。

六、注意事项

1. 氟离子选择性电极在使用前，应在含 10^{-4} mol/L F⁻ 或更低浓度的 F⁻ 溶液中浸泡（活化）约 30min。
2. 电极用后应用水充分冲洗干净，并用滤纸吸去水分，放在空气中，或者放在稀的氟化物标准溶液中。
3. 分析容器应用塑料容器，硅酸盐（玻璃）易与氟反应生成 SiF_4、Na_2SiF_6。
4. 测定标准溶液时浓度由低到高，以免影响后一个浓度的测定。
5. 不得用手指触摸电极的敏感膜；如电极膜表面污染，必须先清洗干净后才能使用。

课后参考
答案

七、思考题

1. 影响氟电极电位值的因素有哪些？
2. 实验中加入总离子强度缓冲溶液的作用是什么？
3. 为什么试样测定前将氟电极电位值洗至-300mV 以下？

实验 13 循环伏安法判断电极过程

一、实验目的

1. 初步掌握电化学工作站的使用方法。
2. 学会用循环伏安法测量峰电流、峰电位，判断电极的可逆性。
3. 验证峰电流与扫描速率和浓度之间的关系。
4. 学习循环伏安法测定未知试样的浓度。

二、实验原理

循环伏安（cyclic voltammetry，CV）法是一种常用的电化学研究方法。在电化学、无机化学、有机化学、生物化学的研究领域广泛应用。

CV 法是将循环变化的电压施加于工作电极和辅助电极，记录工作电极上得到的电流与施加电压的关系曲线，也叫循环伏安图。根据循环伏安图，可以得到相应的峰参数，进而判断电极过程。图 3-2 是施加电压与扫描时间的关系曲线，即三角形波。

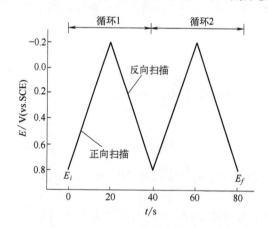

图 3-2 循环伏安法的典型激发信号（三角波电位，转换电位为 0.8V 和 0.2V vs.SCE）

图 3-3 是典型的循环伏安曲线。该图是 2×10^{-3}mol/L K$_3$〔Fe(CN)$_6$〕 + 0.1mol/L KCl 溶液在玻碳电极上得到的结果。其电极反应为：

$$[Fe(CN)_6]^{3-} + e \longrightarrow [Fe(CN)_6]^{4-}$$

$$[Fe(CN)_6]^{4-} - e \longrightarrow [Fe(CN)_6]^{3-}$$

1. 根据峰参数和判断规则，可以判断电极反应的可逆性。

（1）可逆反应 $\dfrac{I_{pa}}{I_{pc}} \approx 1$，$\Delta E = E_{pa} - E_{pc} = \dfrac{0.0592}{n}$。

（2）准可逆反应　$\dfrac{I_{pa}}{I_{pc}} \neq 1$，$\Delta E = E_{pa} - E_{pc} \geqslant \dfrac{0.0592}{n}$。

（3）只有一个氧化或还原峰，电极过程为不可逆。

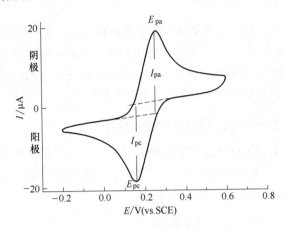

图 3-3　循环伏安曲线

2. 利用下列公式可以计算可逆反应的电位和氧化还原峰电流。

$$E^{0'} = \frac{E_{pa} + E_{pc}}{2}$$

$$i_p = 2.69 \times 10^5 n^{\frac{3}{2}} A D^{\frac{1}{2}} v^{\frac{1}{2}} c$$

式中，i_p 为峰电流，A；n 为电子转移数；D 为扩散系数，cm^2/s；v 为电压扫描速率，V/s；A 为电极面积，cm^2；c 为被测物质浓度，mol/L。可以看出当电极面积一定时，峰电流与被测物质浓度，扫描速率的平方根成正比。

三、试剂和仪器

1. 试剂

50mmol/L $K_3[Fe(CN)_6]$；0.1mol/L KCl；未知浓度的 $K_3[Fe(CN)_6]$ 溶液。

2. 仪器

CHI600E 型电化学工作站；三电极体系 [工作电极为玻碳电极（GCE），参比电极为饱和甘汞电极（SCE），辅助电极为铂丝电极]；电解池；吸量管；微量进样器。

四、实验内容

1. 磨电极

目的：除去表面氧化层，抛光玻碳电极，得到一个平滑光洁、新鲜的表面。

处理方法：依次用两种（粒度为 0.3mm、0.05mm）Al_2O_3 粉末，在平板上旋转摩擦 1min 左右。

注意：研磨过程中，电极一定要垂直放置，每次研磨后要用去离子水清洗干净。

2. 峰电流与扫描速率之间的关系

取 0.1mol/L KCl 溶液 5mL 于电解池中，加 50mmol/L $K_3[Fe(CN)_6]$ 溶液 50μL，混匀，连接三电极，选择 CV 参数（E_i=-0.20V，E_n=0.6V，S=1e^{-5}A/V），作扫描速率为 0.05、0.1、0.2、0.3、0.5V/s 的循环伏安曲线，保存。记录各个扫描速率下的循环伏安曲线的阳极峰电流、阴极峰电流、阳极峰电位和阴极峰电位（填入表 3-1）。

3. 峰电流与浓度之间的关系（标准曲线的绘制）

连续加 50mmol/L $K_3[Fe(CN)_6]$ 溶液 50μL 4 次于上一步的电解质溶液中，混匀，每加一次分别测 CV 曲线，扫描速率为 0.1V/s，保存。记录循环伏安曲线的阳极峰电流、阴极峰电流、阳极峰电位和阴极峰电位（填入表 3-2）。

4. 未知样品 $K_3[Fe(CN)_6]$ 浓度的检测

连接三电极，对未知浓度的 $K_3[Fe(CN)_6]$ 溶液测 CV 曲线，扫描速率为 0.1V/s，保存。记录循环伏安曲线的阳极峰电流、阴极峰电流、阳极峰电位和阴极峰电位（填入表 3-2）。

五、数据记录与处理

1. 从 $K_3[Fe(CN)_6]$ 溶液的循环伏安图，读出 i_{pa}、i_{pc}、E_{pa}、E_{pc} 的值，并计算 i_{pa}/i_{pc} 的值，$E^{0'}$ 值和 ΔE 值；判断 $K_3[Fe(CN)_6]$ 溶液中电极过程的可逆性（填入表 3-1 和表 3-2）。

表3-1　不同扫描速率对应铁氰化钾的循环伏安测量结果

$v/$(V/s)	E_{pa}/V	E_{pc}/V	ΔE/mV	$E^{0'}$/V	i_{pa}/μA	i_{pc}/μA	可逆否
0.05							
0.1							
0.2							
0.3							
0.5							

表3-2　不同 $K_3[Fe(CN)_6]$ 浓度对应铁氰化钾的循环伏安测量结果

浓度/（mol/L）	E_{pa}/V	E_{pc}/V	ΔE_p/mV	$E^{0'}$/V	i_{pa}/μA	i_{pc}/μA	可逆否
1							
2							
3							
4							
5							
未知试样							

2. 分别以 i_{pa}、i_{pc} 对 $v^{1/2}$（扫描速率的平方根）作图（Origin，相关系数），说明峰电流与扫描速率间的关系。由此判断电极反应是受扩散控制的。

3. 分别以 i_{pa}、i_{pc} 对 $K_3[Fe(CN)_6]$ 溶液的浓度作图（Origin，相关系数），说明峰电流与浓度的关系。

4. 根据峰电流与浓度的关系图，找出未知 $K_3[Fe(CN)_6]$ 样品的浓度。

六、注意事项

1. 实验前电极表面要处理干净。

2. 为了使液相传质过程只受扩散控制，应在加入电解质和溶液先搅拌均匀再静置后进行电解。

3. 每次扫描之间，为使电极表面恢复初始状态，应将电极提起后再放入溶液中，或将溶液搅拌，静置溶液后再扫描。

4. 避免电极夹头互碰导致仪器短路。

课后参考
答案

七、思考题

1. 如何用循环伏安法判断极谱电极反应的可逆性？

2. 如果条件电极电位 $E^{0'}$ 和峰电位差 ΔE 的实验结果和文献值有差异，试说明其原因。

实验 14　阳极溶出伏安法测定水中微量的铬和镉

一、实验目的

1. 掌握阳极溶出伏安法的基本原理。
2. 学习电化学工作站阳极溶出伏安法功能的使用方法。
3. 掌握采用标准加入法进行定量分析。

二、实验原理

溶出伏安法测定包括两个基本过程。首先，将工作电极控制在一定电位下进行电解，使被测物在电极上富集，然后施加以某种形式变化的电压于工作电极上，使被富集的物质溶出，同时记录伏安曲线，即可根据溶出峰电流的大小测定被测物质的含量。溶出伏安法有多种溶出方式，如果以还原电位为富集电位，线性变化的氧化电位为溶出电位，则为阳极溶出伏安法。

由于汞膜电极具有大的 A/V 值，预电解的效率高，而且金属富集时向汞膜内部扩散的路径短，溶出峰尖锐，分辨能力好，因此在阳极溶出伏安法中得到广泛应用。

在酸性介质中，当电极电位控制为 $-1.0V$（vs.SCE）时，Pb^{2+} 和 Cd^{2+} 同时富集在工作电极上，然后当向阳极线性扫描至 $-0.1V$（vs. SCE）时，可以得到两个溶出峰，铅的溶出峰电位在 $-0.4V$（vs.SCE）左右，镉的溶出峰电位在 $-0.6V$（vs.SCE）左右。电流与溶液中 Pb^{2+} 和 Cd^{2+} 浓度成正比，可以分别应用于铅和镉的定量分析。

定量测定可采用标准曲线法和标准加入法。标准加入法的计算公式如下：

$$c_x = \frac{c_s V_s h_x}{H(V_x + V_s) - h_x V_x}$$

式中，c_x、V_x 和 h_x 分别为试样的浓度、体积和溶出峰的峰高；c_s 和 V_s 分别为加入的标准溶液的浓度体积；H 为加入标准溶液后测得的溶出峰的峰高。

三、试剂和仪器

1. 试剂

1.000mg/mL Pb^{2+} 标准溶液；1.000mg/mL Cd^{2+} 标准溶液；0.02mol/L $HgSO_4$ 溶液；2.0mol/L pH=5.0 HAc-NaAc 缓冲溶液。

2. 仪器

CHI600A 型电化学工作站；三电极体系［工作电极为玻碳电极（GCE），参比电极为饱和甘汞电极（SCE），辅助电极为铂丝电极］；25mL 电解池；磁力搅拌器；氮气钢瓶。

四、实验内容

1. 玻碳汞膜电极的制备

玻碳电极按照实验13（循环伏安法实验）的操作抛光清洗干净。在电解池中加入 10mL 蒸馏水和 100μL HgSO₄ 溶液，将三电极系统插入溶液并与电化学工作站连接。控制电极电位为-1.0V，通氮气搅拌，电镀 5min 即可制得玻碳汞膜电极。

2. 铅和镉峰电位的测量

（1）调节电化学参数，选择单扫描模式，起始电位为-1.2V，终止电位为+0.5V，扫描速率为 100mV/s。

（2）在电解池中加入 10.00mL 蒸馏水和 1.00mL HAc-NaAc 溶液，通氮气除氧 10min，插入三电极体系，打开搅拌器，电解富集 60s（富集电位为-1.2V）。关闭搅拌器，停止富集，静置 30s 后，开始扫描，记录空白试样的溶出曲线。

（3）在上述空白溶液中加入 20.0μL 1.000mg/mL Cd²⁺标准溶液和 20.0μL 1.000mg/mL Cd²⁺标准溶液，重复（2）中的富集步骤，记录溶出曲线。测量结束后，将三电极置于+0.1V 下清洗 30s。

（4）增加 Pb²⁺和 Cd²⁺的量，改变实验条件如富集时间、扫描速率、富集电位等，观察溶出曲线的变化，确定铅和镉的峰电位值，以此作为定性分析的依据。

3. 铅和镉峰电位的测量

（1）在电解池中加入 10.00mL 待测水样和 1.00mL HAc-NaAc 缓冲溶液，按步骤 2 中的操作，记录溶出伏安曲线，并重复 2 次。

（2）在上述电解池中加入一定量的铅和镉标准溶液（加入量视水样中待测离子的含量而定），再次记录溶出伏安曲线，并重复 2 次。

五、数据记录与处理

由伏安曲线上加入标准溶液前后两次峰高（峰电流）的值，按标准加入法计算公式计算出水样中铅和镉的含量。

六、注意事项

1. 如果所用试剂的空白值较大，计算含量时要扣除空白值，以免产生较大的误差。
2. 所用测试液中均含有汞，只能倒入指定的回收瓶中，禁止倒入水槽，以免造成环境污染。

七、思考题

课后参考

答案

1. 为什么阳极溶出伏安法具有比较高的灵敏度？
2. 影响阳极溶出伏安法的主要因素有哪些？应该如何控制？

实验 15　气相色谱法测定混合物中乙酸乙酯、乙酸丁酯、乙酸戊酯的含量

一、实验目的

1. 了解气相色谱仪的基本构成。
2. 加深理解气相色谱的原理和应用。
3. 学会使用气相色谱法对混合物中各组分进行定性和定量分析。

二、实验原理

1. 气相色谱法基本原理

气相色谱的流动相为惰性气体，流动相以一定速率连续流经色谱柱，被分离试样注入色谱柱柱头，试样各组分在流动相和固定相之间进行连续多次分配，由于组分与固定相和流动相作用力的差别，组分在两相中分配系数不同。在固定相上溶解或吸附力大的，即分配系数大的组分迁移速率慢，保留时间长；在固定相上溶解或吸附力小的，即分配系数小的组分迁移速率快。结果是试样各组分同时进入色谱柱，而以不同速率在色谱柱内迁移，导致各组分在不同时间从色谱柱洗出，实现组分分离，按顺序进入检测器中被检测、记录下来。

2. 气相色谱法定性和定量分析

气相色谱的定性方法是与标准品对照，即采用保留时间对照法，当某两种物质在相同的色谱条件下保留时间相同时，就认为是同一种物质。

色谱定量的方法有外标法、内标法、归一化法等，本实验采用归一化法。归一化法的使用条件是试样中各组分必须全部流出色谱柱，并在色谱图上都出现色谱峰。

$$w_i = \frac{A_i f_i}{A_1 f_1 + A_2 f_2 + \cdots + A_i f_i + \cdots + A_n f_n} \times 100\%$$

式中，A 为组分相应峰面积，f 为相应相对校正因子。

三、试剂和仪器

1. 试剂

乙酸乙酯；乙酸丁酯；乙酸戊酯。

2. 仪器

福立 GC9720 气相色谱仪；氢火焰离子化检测器（FID）；5μL 微量进样器。

四、实验内容

1. 初设条件

按操作说明书使色谱仪正常运行，并设定初步的分析条件。

色谱柱：SE-54，长 30m，内径 0.32mm，固定液膜厚度 0.1μm。

柱箱温度：140℃。

进样口温度：160℃。

检测器温度：250℃。

载气：1.5mL/min。

燃气：30mL/min。

助燃器：300mL/min。

2. 测定保留时间

移取 0.2μL 乙酸乙酯标准样品，测定其保留时间。用同样的方法测定乙酸丁酯、乙酸戊酯标准样品的保留时间。

3. 定性分析

移取 0.2μL 未知样品，在上述色谱条件下进样，重复测定三次，记录保留时间和峰面积。

4. 关闭氢气发生器和空气泵

仪器上的进样口/检测器温度降至 100℃ 以下时关闭主机电源并关闭载气。

五、数据记录与处理

色谱柱温度：　　　　　℃　　　　　　　　　　　　　　　　　　　进样量：　　μL

标准样品		未知样品			
峰名	保留时间	峰名	保留时间	峰面积	含量
乙酸乙酯					
乙酸丁酯					
乙酸戊酯					

六、思考题

采用归一化法进行定量分析时，应满足的基本条件是什么？

课后参考
答案

实验 16 气相色谱-质谱联用测定菜籽油的脂肪酸成分

一、实验目的

1. 了解 GC-MS 仪器的基本构成和原理。
2. 学习识别质谱图中主要碎片离子峰，分析典型有机物结构。

二、实验原理

GC-MS 利用气相色谱作为质谱的进样系统，使待测组分分离，按不同的保留时间与载气同时流出色谱柱，经过分子分离器接口，除去载气，保留组分进入质谱仪离子源被离子化，样品组分转变为离子，利用质谱仪作为检测器进行定性和定量分析。

三、试剂和仪器

1. 试剂
色谱纯正己烷；甲醇；氢氧化钠；无水硫酸钠；pH 试纸。

2. 仪器
DSQ II 单四极杆气相色谱质谱仪。

四、实验内容

1. 实验处理
称取 2mg 菜籽油置于干净的小玻璃瓶中，加入 100μL 甲醇（含 0.5mol/L 氢氧化钠）和 1mL 正己烷，盖上瓶盖。超声处理 1min 后，取出置于冰上。等待温度降低，并且两相分离完全后，用玻璃吸管取上层正己烷，并用纯水洗至中性，加入无水硫酸钠除去正己烷试样层中的痕量水分，最后将正己烷层置于进样瓶中，准备进样分析。

2. 设置色谱分离条件
根据试样性质，设置进样口温度、载气流速和程序升温等。

3. 设置质谱检测条件
设置离子源温度、接口温度、检测器电压、扫描方式、质量范围等，特别要注意设置溶剂切除时间。

4. 样品测定

进样 1μL 样品，对样品进行测定。

5. 仪器待机

采样结束后，将仪器置于待机状态。

五、数据记录与处理

1. 分析谱图

分析质谱图中主要碎片离子峰的产生机理和同位素离子峰簇特点，知道典型脂肪酸甲酯的元素组成和分子结构。

2. NIST 数据库搜索

搜索 NIST 数据库，比较实验所得质谱图与标准谱图差异和匹配度。

课后参考
答案

六、思考题

为什么采用分流进样方式？

实验 17　高效液相色谱法测定饮料中的咖啡因

一、实验目的

1. 学习高效液相色谱仪的操作。
2. 了解高效液相色谱法测定咖啡因的基本原理。
3. 掌握高效液相色谱法进行定性及定量分析的基本方法。

二、实验原理

咖啡因又称咖啡碱，是由茶叶或咖啡中提取而得的一种生物碱，它是黄嘌呤衍生物，化学名称为 1,3,7-三甲基黄嘌呤。咖啡因能兴奋大脑皮质，使人精神兴奋。咖啡中含咖啡因约为 1.2%～1.8%，茶叶中约含 2.0%～4.7%。可乐饮料、APC 药片等中均含咖啡因。其分子式为 $C_8H_{10}N_4O_2$，结构式为：

定量测定咖啡因的传统分析方法是采用萃取分光光度法。用反相高效液相色谱法将饮料中的咖啡因与其他组分（如单宁酸、咖啡酸、蔗糖等）分离后，将已配制的浓度不同的咖啡因标准溶液送入色谱系统。如流动相流速和泵的压力在整个实验过程中是恒定的，测定它们在色谱图上的保留时间 t_R 和峰面积 A 后，可直接用 t_R 定性，用峰面积 A 作为定量测定的参数，采用工作曲线法（即外标法）测定饮料中的咖啡因含量。

三、试剂和仪器

1. 试剂

流动相（30%色谱纯甲醇+70%高纯水。使用前，用超声波发生器脱气 10min）；咖啡因标准贮备液（将咖啡因在 110℃下烘干 1h。准确称取 0.1000g 咖啡因，用二次蒸馏水溶解，定量转移至 100mL 容量瓶中，并稀释至刻度，标样浓度 1000μg/mL）；饮料试液（可乐，茶叶，速溶咖啡）。

2. 仪器

高效液相色谱仪（EC2000 色谱数据处理工作站）；100μL 微量注射器。

四、实验内容

1. 标准溶液配制

用标准贮备液配制质量浓度分别为 20、40、60、80μg/mL 的标准系列溶液（1mL、2mL、3mL、4mL 稀释为 50mL）。

2. 样品处理

（1）将约 25mL 可乐置于一个 100mL 洁净、干燥的烧杯中，剧烈搅拌 30min 或用超声波脱气 5min，以除尽可乐中的二氧化碳。

（2）准确称取 0.04g 速溶咖啡，用 90℃蒸馏水溶解，冷却后待用。

（3）准确称取 0.04g 茶叶，用 20mL 蒸馏水煮沸 10min，冷却后，取上层清液，并按此步骤再重复一次。将上述三种样品分别转移至 50mL 容量瓶中，并定容至刻度。

（4）上述三份样品溶液分别进行干过滤（即用干漏斗、干滤纸过滤），弃去前过滤液，取后面的过滤液，备用。

（5）分别将 5mL 可乐、咖啡和茶叶水用 0.45μm 的过滤膜过滤后，注入 2mL 样品瓶中备用。

3. 样品测定

（1）打开总电源。打开 LU230、P230、ZW230、EC2000 电源。打开电脑桌面的工作站，设置 B 泵（甲醇）30%，C（水）泵 70%，流速 1.0mL/min。检测波长：275nm。进样量：10μL。柱温：室温。

（2）打开 DAD230 检测器，平衡后监测基线 5~10min。

（3）基线平稳后，点击工作栏上方的"停止"键，点击"进样"键。

（4）用微量注射器抽取 60μL 咖啡因标准样（浓度由低到高），针头朝上排出气泡后，扎入进样孔（进样阀柄应处于 LOAD 位置），快速注射后，迅速将进样阀柄扳到 INJECT。

（5）标准溶液进样结束后，再进行样品的测试。

（6）点击工作栏上方的"DAD 数据处理系统"，进行保留时间、峰面积积分记录。

（7）实验做完后，用流动相冲洗色谱柱 30min，进行封柱。

4. 关机

先关 P230 的停止键，然后关 DAD230、LU230、P230、ZW230、EC2000 的电源开关，关电脑，最后关总电源。

五、数据记录与处理

1. 测定每一个标准样的保留时间及峰面积。
2. 确定未知样中咖啡因的保留时间及峰面积。

3. 求样品中咖啡因的浓度。

4. 实验结果填入下面表格：

序号	标样浓度/（μg/mL）	保留时间 t_R	色谱峰面积 A	色谱峰高度 H
1	20			
2	40			
3	60			
4	80			
5	茶叶			
6	百事可乐			
7	速溶咖啡			

5. 绘制标准曲线。

6. 计算茶叶、可乐、速溶咖啡中咖啡因的浓度。

样品名称	色谱峰面积 A	浓度/（μg/mL）
茶叶		
可乐		
速溶咖啡		

六、注意事项

1. 不同的可乐、茶叶、咖啡中咖啡因含量不相同，称取的样品量可酌量增减。

2. 若样品和标准溶液需保存，应置于冰箱中。

3. 为获得良好结果，标准品和样品的进样量要严格保持一致。

课后参考
答案

七、思考题

1. 用标准曲线法定量的优缺点是什么？

2. 根据结构式，咖啡因能用离子交换色谱法分析吗？为什么？

3. 在样品干过滤时，为什么要弃去前过滤液？这样做会不会影响实验结果？为什么？

实验 18　高效液相色谱法分离芳香烃

一、实验目的

1. 了解高效液相色谱法的原理。
2. 掌握高效液相色谱仪的结构及操作方法。
3. 初步学习高效液相色谱定性定量方法。

二、实验原理

高效液相色谱采用液体作为流动相,利用物质在固定相和流动相两相中吸附或分配系数的微小差异达到分离目的。当两相做相对移动时,被测物质在两相间进行反复多次分配,使原来微小的分配差异产生了很明显的分离效果,从而依先后顺序流出色谱柱,通过适当的检测手段,对分离后的各组分进行测定。

色谱定性方法常用与标准品对照的方法,即采用保留时间对照法,当某两种物质在相同的色谱条件下保留时间相同时,就认为是同一种物质。

色谱定量方法有很多,如外标法、内标法、面积归一化法等。本实验采用外标法定量,即用一定量的标准品进样,记录其峰面积,然后进未知样品,根据未知样品的峰面积与标准品的峰面积比,计算某物质的含量。计算公式如下:

$$W_i = \frac{A_i W_s}{A_s}$$

式中,W_i 是未知物中被测物的浓度或质量;W_s 是标准品的浓度或质量;A_i、A_s 分别是被测物和标准品的峰面积(设定两者进样量相同)。

三、试剂和仪器

1. 试剂

流动相[80%甲醇(色谱纯)+20%水经 0.45μm 膜过滤,使用前超声波脱气];苯(AR);甲苯(AR);样品(苯、甲苯),均用甲醇(色谱纯)配制。

2. 仪器

高效液相色谱仪;100μL 微量注射器。

四、实验内容

1. 开机

（1）打开总电源，打开 LU230、P230、ZW230、EC2000 电源；打开电脑桌面的工作站，设置 B 泵（甲醇）80%，C 泵（水）20%，流速 1.2mL/min，测定波长 254nm。

（2）打开 DAD230 检测器，平衡后监测基线 5～10min。

2. 样品的测定

（1）基线平稳后，点击工作栏上方的"停止"键，点击"进样"键。

（2）用微量注射器抽取 60μL 标样，针头朝上排出气泡后，扎入进样孔（进样阀柄应处于 LOAD 位置），快速注射后，迅速将进样阀柄扳到 INJECT。

（3）待样品峰全部显示后，再进行标样 2 及样品的测试［按（2）、（3）步进行］。

（4）点击工作栏上方的"DAD 数据处理系统"，进行保留时间、面积积分记录。

（5）实验做完后，用流动相冲洗色谱柱 30min，进行封柱。

（6）关机时先关 P230 的停止键，然后关 DAD230、LU230、P230、ZW230、EC2000 的电源开关，关电脑，最后关总电源。

五、数据记录与处理

1. 测定每一个标准样品的保留时间和峰面积。

2. 测定未知样中每一个峰的保留时间，与标准样色谱图比较，标出未知样中每一个峰代表什么化合物。

3. 测定未知样中每一个峰的峰面积，计算未知样中相应化合物的含量。

六、思考题

课后参考答案

1. 在该色谱条件下，苯、甲苯的保留时间各是多少？
2. 如何确定混合样中各组分的含量？

第四章 ｜ 水质分析实验

实验 1 水中硫酸盐的测定

一、实验目的

1. 掌握水中硫酸盐的测定原理和方法。
2. 掌握移液操作和容量瓶的使用。
3. 熟悉 722 型分光度计的使用和注意事项。

二、实验原理

水中硫酸盐和钡离子生成细微的硫酸钡结晶，使水溶液浑浊，其浑浊程度和水样中硫酸盐含量成正比。可用浊度计或分光光度计测定硫酸钡悬浊液的吸光度，利用标准工作曲线法在 420nm 处测定水样中硫酸根的含量。

$$Ba^{2+}+SO_4^{2-} \longrightarrow BaSO_4\downarrow （白色沉淀）$$

三、试剂和仪器

1. 试剂

3mol/L 氯化钡溶液（称取 183g 氯化钡，溶于 500mL 蒸馏水中，摇匀）；硫酸钾或硫酸钠（s，AR）；95%乙醇；（1∶1）盐酸。

2. 仪器

分光光度计；1cm 比色皿；25mL 移液管；5mL 和 10mL 吸量管；50mL 和 100mL 容量瓶。

四、实验内容

1. 10.0mg/mL SO$_4^{2-}$ 标准溶液的配制

称取 18.1420g 在 105℃烘干至恒重的硫酸钾，或 14.786g 无水硫酸钠溶于少量蒸馏水中，全部转移至 1000mL 容量瓶中，定容到刻度，摇匀即得。

2. 0.50mg/mL SO$_4^{2-}$ 标准使用溶液的配制

准确吸取 5.00mL 10.0mg/mL SO$_4^{2-}$ 标准溶液于 100mL 容量瓶中，用水定容到刻度，摇匀即得。

3. 不同浓度标准溶液的配制

取 6 支 50mL 容量瓶，分别加入含 0.50g/mL SO$_4^{2-}$ 标准使用溶液 0.00、1.00、3.00、5.00、7.00、9.00mL，用纯水稀释至 25mL 左右，然后按水样测定步骤进行。

4. 待测水样试样的制备

准确吸取水样 25.00mL 于 50mL 容量瓶中，加 8 滴 1：1 盐酸、5.0mL 95%乙醇，摇匀，加 5.0mL 氯化钡溶液，振摇 1 分钟，用纯水定容到刻度，摇匀。

5. 吸光度的测定

将标准系列溶液和水样试液在 420nm 处测量吸光度 A 进行定量。

五、数据记录与处理

记录各吸光度数据，利用标准工作曲线法计算水样中硫酸根的含量并列表表示。

六、注意事项

1. 硫酸钡有剧毒，注意安全。
2. 搅拌能影响硫酸钡的颗粒，每次搅拌或振摇应保持一定方式、一定速度和一定时间，这些条件一经确定，则在整批测定中不应改变。

课后参考

答案

七、思考题

1. 水中硫酸根含量过高时对人体会有什么影响？
2. 在实验过程中应注意哪些事项？为什么？

实验 2　水中矿化度的测定

一、实验目的

1. 掌握水中矿化度的测定原理和方法。
2. 熟练掌握重量分析法操作技术。
3. 掌握分析天平称量、移液等操作。

二、实验原理

矿化度是指水中含有钙、镁、铁、铝和锰等金属的碳酸盐、碳酸氢盐、氯化物、硫酸盐、硝酸盐以及各种钠盐等的总含量。

水样经过滤去除漂浮物及沉降性固体物放在称至恒重的蒸发皿内蒸发并用过氧化氢去除有机物然后在 105～110℃下烘干至恒重，将称得重量减去蒸发皿重量即为矿化度。

在 105℃烘干的总固体，碳酸氢盐可转化为碳酸盐，但盐类的结晶水不易除去，也不能除去包裹水。

三、试剂和仪器

1. 试剂

水样；1∶1 过氧化氢溶液（取 1 体积 30%的过氧化氢与 1 体积水混合）。

2. 仪器

100mL 移液管；250mL 蒸发皿；电烘箱；电子分析天平；水浴锅；干燥器；电热套；砂芯玻璃坩埚或中速定量滤纸。

四、实验内容

1. 蒸发皿恒重

将清洗干净的蒸发皿置于 105～110℃烘箱中烘 1 小时后，放入干燥器中冷却至室温后称重，重复烘干称重，直至恒重（两次称重相差不超过 0.0004g）。

2. 样品前处理

取适量水样用洁净的玻璃砂芯坩埚或中速定量滤纸过滤后作为试样。

3. 样品测定

（1）取 100mL 自来水样注入 250mL 洗净恒重的蒸发皿内，在电热套上空气浴蒸干，取样体积以获得约 100mg 总固体为宜。

（2）如蒸干残渣有色，则使蒸发皿稍冷后，滴加过氧化氢溶液（1：1）数滴，慢慢旋转蒸发皿至气泡消失，再置于水浴或蒸汽浴上蒸干，反复数次，直至残渣变白或颜色稳定不变。

（3）将蒸发皿在烘箱内于 105～110℃烘 1 小时后，置于干燥器中冷却至室温，称重，重复烘干称重，直至恒重（两次称重相差不超过 0.0004g）。

五、数据记录与处理

准确记录称量数据，计算水样中总固体浓度。
计算公式为：

$$m=(m_1-m_2)\times1000\div V$$

式中　m —— 水样总固体浓度，mg/L；

m_1 —— 蒸发皿和水样总固体质量，mg；

m_2 —— 空蒸发皿的质量，mg；

V —— 所取水样体积，mL。

六、注意事项

1. 矿化度可以用每升水中所含阴阳离子总量表示，也可以用每升水中所含总固体加碳酸氢根含量的一半表示。

2. 总固体指水样经蒸发并在（105±2）℃或（180±2）℃烘干后残留的物质。报出结果应同时指出所用的烘干温度。

3. 用过氧化氢去除有机物应少量多次，每次残渣润湿即可，以防有机物与过氧化氢作用分解时泡沫过多，发生盐类损失。

七、思考题

课后参考
答案

1. 做实验时应注意什么？使用烘箱时应注意哪些事项？
2. 水样的矿化度有几种表示方法？有何不同？

实验3　水中多种金属元素的测定

一、实验目的

1. 加深理解电感耦合等离子体发射光谱法（ICP-AES）的基本原理。
2. 学会使用 ICP-AES 测定水中的多种金属元素的分析方法。

二、实验原理

当高频发生器接通电源后，高频电流通过感应线圈产生交变磁场。开始时，管内为 Ar，不导电，需要用高压电火花触发，使气体电离后，在高频交流电场的作用下，带电粒子高速运动、碰撞，形成"雪崩"式放电，产生等离子体气流。在垂直于磁场方向将产生感应电流，产生高温。将气体加热、电离，在管口形成稳定的等离子体焰炬。将试样在等离子体光源中激发，使待测元素发射出特征谱线，在一定浓度范围内，其特征谱线的强度与元素的浓度成正比。

ICP-AES 具有检出限低、精密度高、线性范围宽、基体效应小等优点，可用于高、中、低含量的 70 种元素的同时测定。

三、试剂和仪器

1. 试剂

多元素标准储备液；浓盐酸；浓硫酸；浓硝酸；高氯酸；氢氧化钠。

2. 仪器

电感耦合等离子体发射光谱仪；温控电热板；微波消解仪；离心机。

四、实验内容

1. 水样的采集和预处理

（1）测定可溶性的元素时，水样采集后立即通过水系微孔滤膜过滤，弃去初始的 5～100mL 滤液，收集所需体积的滤液，加入适量浓硝酸，使硝酸含量达到1%。测定元素总量时，水样采集后立即加入适量浓硝酸，使硝酸含量达到1%。

（2）按比例在一定体积的均匀样品中加入浓硝酸溶液（100mL 样品加入 5.0mL 硝酸），置于电热板上加热消解，在不沸腾的情况下，缓慢加热至近干。取下冷却，反复进行这一过程，直至试样溶液颜色变浅或稳定不变。冷却后，加入浓硝酸，再加入少量水，置电热板上继续加热使残渣溶解。冷却后，用实验用水定容至原取样体积，使溶液保持1%（体积分数）的硝酸酸度。对于某些基体复杂的废水，消解时可加入2~5mL高氯酸消解。若消解液中存在一些不溶物，可静置或在2000~3000r/min转速下离心分离10min以获得澄清液。

2. 空白试液和标准溶液的配制

（1）以纯水代替样品，按与试样制备相同的步骤进行空白试样的制备。

（2）取一定量的单元素标准使用液制备标准曲线，根据地表水及废水等浓度范围分组配制，在各自浓度范围内，至少配制5个浓度点。

3. 样品测定

（1）开机，点燃等离子体，30min后进行分析。

（2）由低浓度到高浓度进标准样，测量发射强度。以发射强度值为纵坐标，目标元素系列质量浓度为横坐标，绘制目标元素的标准曲线。

（3）在与测定标准曲线相同的条件下，测定试样的发射强度。由发射强度值在标准曲线上查得目标元素含量。

（4）按照与试样测定的相同条件测定空白试样。

五、数据记录与处理

$$\rho=(\rho_1-\rho_2)\times f$$

式中　ρ——样品中目标元素的质量浓度，mg/L；

　　　ρ_1——试样中目标元素的质量浓度，mg/L；

　　　ρ_2——空白试样中目标元素的质量浓度，mg/L；

　　　f——稀释倍数。

课后参考
答案

六、思考题

为什么ICP光源能够提高原子发射光谱分析的灵敏度和准确度？

实验 4 水中铬含量的测定

一、实验目的

1. 了解原子吸收分光光度计的构造及使用方法。
2. 掌握原子吸收光谱法最佳实验条件选择的方法。

二、实验原理

以待测元素的锐线光源发射出特征辐射,试样在原子化器中蒸发,解离为气态基态原子,当元素的特征辐射通过该元素的气态基态原子区时,元素的特征辐射因被气态基态原子吸收而减弱,经过色散系统和检测系统后,测得吸光度,根据吸光度与被测定元素的浓度呈线性关系,从而进行元素的定量分析,这是原子吸收法定量分析的原理。

将试样经过滤或消解后喷入富燃性空气——乙炔火焰,在高温火焰中形成的铬基态原子对铬空心阴极灯发射的357.9nm特征谱线产生选择性吸收,在一定条件下,其吸光度值与铬的质量浓度成正比。

三、试剂和仪器

1. 试剂

浓盐酸;浓硝酸;过氧化氢;氯化铵;重铬酸钾;铬标准贮备液(准确称取 0.2829g 重铬酸钾,用少量水溶解后全量转移到 100mL 容量瓶中,加入 0.5mL 浓硝酸,用水定容至标线,摇匀,室温暗处保存于聚乙烯瓶中并调至 pH 值在 1～2 之间);铬标准使用液(移取 5.00mL 铬标准贮备液至 100mL 容量瓶中,加入 0.1mL 浓硝酸,用水稀释至标线)。

2. 仪器

火焰原子吸收分光光度计;温控电热板。

四、实验内容

1. 样品的保存

可溶性铬样品:将采集的水样用 0.45μm 的滤膜过滤,弃去初始滤液,收集所需体积的滤液于样品瓶中。每 100mL 滤液中加入 1mL 浓硝酸。

总铬样品:将采集的水样直接加入浓硝酸酸化至 pH≤2。

2. 样品的制备

可溶性铬试样：量取一定体积的水样于 50mL 容量瓶中，加入 5mL 氯化铵溶液（100g/L）和 3mL 盐酸溶液（1∶1），用水稀释至标线。

总铬试样：量取 50.0mL 混合均匀的水样于 150mL 烧杯中，加入 5mL 浓硝酸，置于温控电热板上，盖上表面皿，保持电热板温度为 180℃，不沸腾加热回流 30min，移去表面皿，蒸发至溶液为 5mL 左右时停止加热。待冷却后，再加入 5mL 浓硝酸，盖上表面皿，继续加热回流。如果有棕色的烟生成，重复这一步骤，直到不再有棕色的烟生成，将溶液蒸发至 5mL 左右。待上述溶液冷却后，缓慢加入 3mL 过氧化氢（30%），每次为 1mL，直至只有细微气泡或大致外观不发生变化，移去表面皿，继续加热，直到溶液体积蒸发至约 5mL。溶液冷却后，用适量水淋洗内壁至少 3 次，转移至 50mL 容量瓶中，加入 5mL 氯化铵溶液（100g/L）和 3mL 盐酸溶液（1∶1），用水稀释至标线。

可溶性铬空白试样：用水代替样品，按照可溶性铬试样的步骤制备。

总铬空白试样：用水代替样品，按照总铬试样的步骤制备。

3. 标准曲线的绘制

分别移取 0.00、0.50、1.00、2.00、3.00、4.00、5.00mL 铬标准使用液于 50mL 容量瓶中，分别加入 5mL 氯化铵溶液（100g/L）和 3mL 盐酸溶液（1∶1），用水定容至标线，摇匀，标准系列质量浓度分别为 0、0.50、1.00、2.00、3.00、4.00、5.00mg/L。由低质量浓度到高质量浓度依次测量标准系列溶液的吸光度。

以铬的质量浓度（mg/L）为横坐标，以其对应的扣除零浓度后的吸光度为纵坐标，建立标准曲线。

4. 试样测定

按照与标准曲线相同步骤测量试样的吸光度。

5. 空白试验

按照与试样测定相同步骤测量空白试样的吸光度。

五、数据记录与处理

$$\rho = \frac{(\rho_1 - \rho_0) \times V_1 \times f}{V}$$

式中　ρ——样品中可溶性铬或总铬的质量浓度，mg/L；

ρ_1——由标准曲线得到的试样中可溶性铬或总铬的质量浓度，mg/L；

ρ_0——由标准曲线得到的空白试样中可溶性铬或总铬的质量浓度，mg/L；

V_1——试样制备后定容体积，mL；

V——取样体积，mL；

f——稀释倍数。

六、思考题

课后参考

答案

使用空心阴极灯时应注意什么事项？

实验 5 水中总硒的测定

一、实验目的

1. 了解分光光度计的结构和使用。
2. 掌握水中总硒的测定方法。

二、实验原理

经混合酸消解后，样品中的总硒被盐酸羟胺全部还原至四价，在酸性条件下与显色剂 3,3′-二氨基联苯胺产生络合反应生成黄色化合物，经甲苯萃取后在 420nm 波长处测量吸光度。在一定浓度范围内，总硒的含量与吸光度值符合朗伯-比尔定律。

三、试剂和仪器

1. 试剂

浓盐酸；浓硝酸；高氯酸；甲苯；氨水；氢氧化钠；乙二胺四乙酸二钠二水合物；盐酸羟胺；甲酚红溶液（0.2g/L）；硒粉；3,3′-二氨基联苯胺；硝酸-高氯酸溶液（1:1）；乙二胺四乙酸二钠混合试液贮备液（称取 10.0g 乙二胺四乙酸二钠二水合物溶于适量水中，加热溶解，冷却后加入 10mL 甲酚红溶液，用水定容至 200mL，摇匀，贮于塑料瓶中，4℃以下冷藏密封避光保存）；乙二胺四乙酸二钠混合试液使用液（将乙二胺四乙酸二钠混合试液贮备液用水稀释 10 倍即为使用液，临用现配）；ρ=100mg/L 硒标准贮备液（准确称取 0.1g 硒粉于 100mL 烧杯中，加入 10mL 浓硝酸，低温加热溶解后，加入 2mL 高氯酸，于电热板上缓慢搅拌加热至烧杯内充满浓白烟后，继续加热至白烟逐渐消失，以除尽硝酸，取下。稍冷后加入少量水，加入 8mL 浓盐酸，继续加热至白烟冒尽，取下，冷却后全量转入 1000mL 容量瓶中，用水稀释定容至标线，摇匀。此溶液每毫升含硒 100μg）；ρ=1.00mg/L 硒标准使用液（准确移取 10.00mL 硒标准贮备液至 1000mL 容量瓶中，用 0.1mol/L 盐酸溶液稀释定容至标线，摇匀）。

2. 仪器

分光光度计；可调温电热板；梨形分液漏斗。

四、实验内容

1. 水样的保存

按比例（1000mL 样品加入 10mL 硝酸）加入硝酸，4℃以下冷藏密封避光保存。

2. 试样的制备

移取 200mL 混匀后的样品至 250mL 锥形瓶中（可根据样品中总硒含量适量少取，加水稀释至 200mL），于电热板上加热浓缩至 15mL 时（设置温度为 130～150℃），取下稍冷，加入 5mL 硝酸-高氯酸溶液，继续于电热板上消解（设置温度为 180～210℃），瓶内充满浓白烟后，继续加热至白烟逐渐消失，取下稍冷，加入 2.5mL 盐酸溶液（1∶4），继续于电热板上加热（设置温度为 180～210℃），至白烟冒尽，取下冷却，加入 5mL 盐酸羟胺溶液（20g/L），待测。

3. 实验室空白试样的制备

用同批次去离子水代替样品，按照与试样的制备相同步骤制备实验室空白试样。

4. 标准曲线的绘制

（1）标准溶液的配制　分别移取 0.00、0.50、2.00、5.00、10.00、25.00mL 硒标准使用液于一组 250mL 锥形瓶中，加水至 200mL，配制成硒质量浓度分别为 0.00、2.50、10.0、25.0、50.0、125μg/L 的标准系列溶液。按照与试样的相同制备步骤进行消解处理。

（2）显色　将消解后的标准系列溶液分别转移至一组 250mL 梨形分液漏斗中，用 20mL 乙二胺四乙酸二钠盐混合试液分数次清洗锥形瓶，洗液全部转移至分液漏斗中，此时溶液呈桃红色。用氢氧化钠溶液（100g/L）或盐酸溶液（0.1mol/L）调节 pH 值为 1～3，使溶液呈浅橙黄色，加入 5.0mL 3,3′-二氨基联苯胺四盐酸盐溶液（5g/L），摇匀，避光静置 30min。

（3）萃取　将显色后的溶液用氢氧化钠溶液（100g/L）或盐酸溶液（0.1mol/L）调节 pH 值为 7～10，使溶液微微发红，加入 10.0mL 甲苯，充分振荡，静置分层，弃去水相，有机相待测。

（4）绘制标准曲线　用 30mm 比色皿，于 420nm 波长处，以甲苯为参比测定吸光度。以扣除实验室空白试样的吸光度对应的总硒含量为横坐标，扣除实验室空白试样吸光度后的吸光度值为纵坐标，建立标准曲线。

5. 试样的测定

将制备好的试样，按照标准曲线的显色和萃取相同步骤进行显色和萃取，萃取后有机相放入 30mm 比色皿中，于 420nm 波长处，以甲苯作为参比测定吸光度。

6. 空白试样的测定

按照与试样的测定相同步骤，测定实验室空白试验。

五、数据记录与处理

$$\rho = \frac{A - A_0 - a}{b \times V}$$

式中　ρ——样品中总硒的质量浓度，μg/L；

A——试样的吸光度；

A_0——实验室空白试样的吸光度；

a——标准曲线的截距；

b——标准曲线的斜率；

V——样品的取样量，L。

课后参考
答案

六、思考题

加入盐酸羟胺的作用是什么？

实验6　水中氨氮的测定

一、实验目的

1. 理解流动注射-水杨酸分光光度法测定水质总氨氮的原理。
2. 掌握水质中氨氮的测定方法。

二、实验原理

流动注射分析仪工作原理：在封闭的管道中，将一定体积的试样注入连续流动的载液中，试样和试剂在化学反应模块中按特定的顺序和比例混合、反应，在非完全反应的条件下，进入流动检测池进行光度检测。

化学反应原理：在碱性介质中，试液中的氨、铵离子与次氯酸根反应生成氯胺。在60℃和亚硝基氰化钾存在条件下，与水杨酸盐反应形成蓝绿色化合物，于660nm波长处测量吸光度。参见工作流程图（图4-1）。

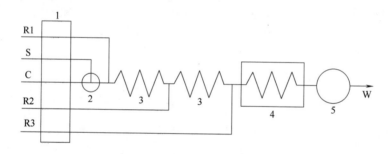

图4-1　流动注射-水杨酸分光光度法测定氨氮工作流程图

1—蠕动泵；2—注入阀；3—反应（混合）圈；4—加热池（圈）60℃；5—检测池（10mm，660nm）；R1—缓冲溶液；R2—显色剂；R3—次氯酸钠溶液；S—试样；C—载液；W—废液

三、试剂和仪器

1. 试剂

硫酸（$\rho=1.84$g/mL）；氯化铵（NH_4Cl，优级纯，在105℃±5℃下干燥至恒重后，保存在干燥器中）；氢氧化钠（$NaOH$）；乙二胺四乙酸二钠（$C_{10}H_{14}N_2Na_2O_8$，磷酸氢二钠（Na_2HPO_4）；水杨酸钠（$NaC_7H_5O_3$）；二水亚硝基铁氰化钠 $\{Na_2[Fe(CN)_5NO]_2 \cdot 2H_2O\}$；硫代硫酸钠（$Na_2S_2O_3$）；次氯酸钠（$NaOCl$，有效氯含量不低于5.25%）；缓冲溶液（称取30g

氢氧化钠、25g 乙二胺四乙酸二钠和 67g 磷酸氢二钠，溶于 800mL 水中，溶解后用水稀释至 1000mL，摇匀，该溶液可稳定 1 个月）；显色剂（称取 144g 水杨酸钠和 3.5g 二水亚硝基铁氰化钠，溶于 800mL 水中，溶解后用水稀释至 1000mL，摇匀。盛于棕色瓶中，该溶液在 4℃ 下保存，可稳定 1 个月）；次氯酸钠使用溶液（量取 60mL 次氯酸钠溶液，用水稀释至 1000mL，现用现配）；氨氮标准贮备液 [ρ(N)=1000mg/mL：称取 3.819g 氯化铵溶于水中，溶解后移入容量瓶中，用水定容并混匀。该溶液在 4℃ 下保存，可稳定 6 个月，或直接购买标准溶液]；氨氮标准使用液 [ρ(N)=50.0mg/mL：量取 5.00mL 氨氮标准贮备液，转移至 100mL 容量瓶中，用水定容并混匀。该溶液在 4℃ 下保存，可稳定 1 个月]；硫代硫酸钠溶液（ρ=3500mg/mL：称取 3.5g 硫代硫酸钠溶于水中，用水稀释至 1000mL）；水性滤膜（孔径 0.45μm）；氮气（纯度≥99.99%）。

2. 仪器

流动注射分析仪；自动进样器；化学反应单元（即化学反应模块、通道。由蠕动泵、注射阀、反应管路等组成）；检测单元（流动检测池光程为 10mm）及数据处理单元；分析天平（精度为 0.0001g）；离心机（最高转速 4000r/min）；预蒸馏装置（由 500mL 凯氏烧瓶、氮球、直形冷凝管和导管组成，冷凝管末端可连接一段长度适当的滴管，使出口尖端浸入吸收液液面下）；超声波机（频率 40kHz）；一般实验室常用仪器和设备。

四、实验内容

1. 样品的采集和保存

水样采集在聚乙烯或玻璃瓶内，应尽快进行分析。如果需要保存，应加入硫酸（ρ=1.84g/mL）至 pH<2，5℃ 以下冷藏可以保存 7d，酸化样品前应将 pH 调至中性。

2. 试样的制备

当样品清澈不存在色度、浊度和有机物干扰的时候，可以直接取样进行分析。

当样品中含有固体或悬浮物时，上机之前对样品采用离心方式使之澄清或者采用滤膜过滤。若试样经加标回收检验不合格，则须进行蒸馏预处理。

当样品浑浊、带有颜色、含有大量金属离子或有机物时，需进行预蒸馏。

3. 仪器的调试

按仪器说明书安装分析系统，设定工作参数，操作仪器。先用水代替试剂，检查整个分析流路的密闭性及液体流动的顺畅性。待基线走稳后（大约 15min），系统开始进试剂，待基线再次走稳后，进行标准曲线的绘制和样品的测定。

4. 标准系列的制备

分别移取适量的氨氮标准使用液，用水稀释定容至 100mL，制备 6 个浓度点的标准系列。氨氮的浓度分别为 0.00、0.05、0.25、2.5 和 5.0mg/L。

5. 标准曲线的绘制

量取适量上述配制的标准溶液，置于样品烧杯中，由进样器按照次序从低浓度到高浓度取样、测定。以测定信号值（峰面积）为纵坐标，对应的氨氮浓度（以 N 计，mg/L）为横坐标，绘制校准曲线。

6. 测定

按照与标准曲线相同的条件，进行实际水样的测定。

7. 空白试验

用试验用水代替试样，按照与标准曲线相同的条件，进行空白试验。

五、数据记录与处理

样品中氨氮的质量浓度（以 N 计，mg/L），按照下列公式进行计算：

$$\rho = \frac{(Y-a) \times f}{b}$$

式中 ρ——样中氨氮的质量浓度，mg/L；

　　　　Y——测定信号值（峰面积）；

　　　　a——校正方程的截距；

　　　　b——校正方程的斜率；

　　　　f——稀释倍数。

六、注意事项

1. 本实验适用于地表水、地下水、生活污水和工业废水中总氨氮的测定。

2. 当检测光程为 10mm 时，本方法测定的检测限为 0.01mg/L（以 N 计），测定范围为 0.05～5.00mg/L。

3. 若试样中氨氮含量超出校准曲线检测范围，应取适量试样稀释后上机测定。

4. 每天分析完毕后，用纯水对分析管路进行清洗，并及时将流动检测池中的滤光片取下放入干燥器中，防尘防潮。

5. 当测定结果小于 1.00mg/L 时，结果保留到小数点后两位，大于等于 1.00mg/L，结果保留三位有效数字。

课后参考
答案

七、思考题

水杨酸在测定水质中氨氮的作用是什么？

实验7　水中多氯联苯的测定

一、实验目的

1. 了解 GC-MS 仪器的基本构成和原理。
2. 学习识别质谱图中主要碎片离子峰，分析典型有机物结构。

二、实验原理

采用液液萃取法或固相萃取法萃取样品中的多氯联苯，萃取液经脱水、浓缩、净化和定容后经 GC-MS 分离和测定。根据保留时间、碎片离子质荷比及不同离子丰度比定性，内标法定量。

三、试剂和仪器

1. 试剂

正己烷；甲醇；乙酸乙酯；乙醚；丙酮；正己烷/乙酸乙酯溶液（1∶1）；氯化钠；无水硫酸钠；硫代硫酸钠；浓盐酸；浓硫酸；氢氧化钠；乙醚/正己烷混合溶液（6∶94）；丙酮/正己烷混合溶液（1∶9）；多氯联苯标准溶液；氮气；氢气；内标使用液（$\rho=20.0\,\mu g/mL$：用正己烷稀释内标贮备液）；替代物标准贮备液（$\rho=100.0\mu g/mL$：PCB28-2′,3′,5′,6′-D$_4$，PCB114-2′,3′,5′,6′-D$_4$）；替代物标准使用液（$\rho=1.0\mu g/mL$：用正己烷稀释替代物标准贮备液）；十氟三苯基膦贮备液（$\rho=1000.0mg/mL$：溶剂为正己烷）；十氟三苯基膦使用液（$\rho=50.0mg/mL$：用正己烷稀释十氟三苯基膦贮备液）。

2. 仪器

气相色谱-质谱联用仪；固相萃取装置；玻璃层析柱；弗罗里硅土色谱柱；分液漏斗；微量进样器；干燥柱（长 250mm，内径 10mm，具聚四氟乙烯活塞的玻璃柱。在柱的下端，放入少量玻璃棉，加入 10g 无水硫酸钠）；弗罗里硅土固定相（市售 1000mg/6mL）。

四、实验内容

1. 萃取

（1）固相萃取法　准确量取水样 1～10L，加入 100μL 替代物标准使用液，摇匀，用盐酸溶液（1∶1）或氢氧化钠溶液（0.4g/mL）调节水样的 pH 值至 5～9，每升样品加入 5mL 甲醇溶液，摇匀。将固相萃取装置安装好，依次用 5mL 正己烷/乙酸乙酯溶液（1∶1）、5mL

甲醇、5mL 去离子水活化固相萃取圆盘，活化后使水样以 50～200mL/min 的流速均匀通过固相萃取圆盘，上样完毕后用 10mL 去离子水冲洗固相萃取圆盘，继续抽取 30min 使圆盘干燥。依次用 5mL 乙酸乙酯、5mL 正己烷和 6mL 正己烷/乙酸乙酯溶液（1∶1）洗脱固相萃取圆盘并全部收集洗脱液，将洗脱液过干燥柱后，用 6mL 正己烷/乙酸乙酯溶液（1∶1）淋洗干燥柱，合并洗脱液。将洗脱液浓缩至 1mL，加入正己烷至 10mL。

（2）液液萃取法　摇匀并准确量取水样 1～2L 至分液漏斗中，加入 100μL 替代物标准使用液混匀，用盐酸溶液（1∶1）或氢氧化钠溶液（0.4g/mL）调节水样的 pH 值至 5～9，加入 20g 氯化钠，完全溶解后加入 60mL 正己烷，用手振摇 30s 排气，振荡 5min 后静置分层。重复萃取两次，合并三次的萃取液经干燥柱脱水后，用 6mL 正己烷淋洗干燥柱，合并萃取液和淋洗液，浓缩至 10mL。

2. 净化

（1）硫酸净化　将 10mL 浓缩液转入 60mL 分液漏斗中，加入 10mL 浓硫酸，轻轻振摇，注意放气，然后振摇 1min，静置分层后弃去下层硫酸。如果硫酸层中仍有颜色则重复上述操作至硫酸层无色。向分液漏斗加入 30mL 氯化钠溶液（0.05g/mL）洗涤有机相，静置分层后弃去水相，有机相经干燥柱脱水后，浓缩至 1mL。

（2）弗罗里硅土色谱柱净化　用 40mL 正己烷冲洗弗罗里硅土色谱柱，关闭活塞。把硫酸净化后的浓缩液转入色谱柱内，用 1～2mL 正己烷清洗浓缩液瓶两次，一并转移到色谱柱内，弃去流出液。用 200mL 乙醚/正己烷混合溶液（6∶94）洗脱层析柱，洗脱流速控制在 2～5mL/min（以上步骤始终保持无水硫酸钠上方留有液面），接收全部淋洗液。

将淋洗液浓缩至 1.0mL 以下，加入 5.0μL 内标使用液，再加入正己烷定容至 1.0mL，转移到样品瓶中待分析。制备的样品在 4℃以下冷藏保存，30 天内完成分析。

（3）弗罗里硅土固相萃取柱净化　用 4mL 正己烷冲洗固相萃取柱，并浸润 5min 后，弃去流出液，流速控制在 2mL/min。把硫酸净化后的浓缩液全部转移至柱内，用 2～3mL 正己烷洗涤样品浓缩液瓶两次，一并转移到固相萃取柱上，用 10mL 丙酮/正己烷混合溶液（1∶9）洗脱固相萃取柱，接收淋洗液（以上步骤应始终保持柱填料上方留有液面）。

将淋洗液浓缩至 1.0mL 以下，加入 5.0μL 内标使用液，再加入正己烷定容至 1.0mL，转移到样品瓶中待分析。制备的样品在 4℃以下冷藏保存，30 天内完成分析。

（4）空白试样的制备　用去离子水代替样品，按照试样制备相同的操作步骤，制备空白试样。

3. 设置色谱分离条件

程序升温：

$$120℃(1\,min) \xrightarrow{20℃/min} 180℃ \xrightarrow{5℃/min} 280℃(20\,min)$$

进样方式：不分流进样 1min。

进样量：1.0μL。

进样口温度：270℃。

传输线温度：270℃。

柱流量：1.2mL/min。

4. 设置质谱检测条件

离子源温度：250℃。

离子化能量：70eV。

全扫描质量范围：45～450amu。

5. 仪器性能检查

仪器使用前用全氟三丁胺对质谱仪进行调谐。样品分析前以及每运行 12h，将 1.0μL 十氟三苯基膦使用液注入色谱仪，对仪器系统进行检查。

6. 标准曲线的绘制

分别吸取不同体积的标准贮备液和替代物标准使用液，配制成浓度为 20.0、50.0、100、200、500μg/L 的标准系列，同时加入 5.0μL 内标使用液，用正己烷稀释至 1.0mL，密封，混匀。对其进行分析，得到不同目标化合物质谱图。以目标化合物浓度与内标化合物浓度的比值为横坐标，以目标化合物定量离子的响应值与内标化合物定量离子的响应值的比值为纵坐标，绘制标准曲线。

7. 样品测定

取待测试样，按照与绘制标准曲线相同的仪器分析条件进行测试。

8. 实验室空白试验

在分析样品的同时，将空白试样按照与绘制标准曲线相同的仪器分析条件进行测定。

五、数据记录与处理

$$\rho_i = \frac{\rho_{is} \times V}{V_s} \times 1000$$

式中　ρ_i——样品中多氯联苯化合物或替代物的浓度，ng/L；

ρ_{is}——根据标准曲线查得多氯联苯化合物或替代物的浓度，μg/L；

V ——试样体积，mL；

V_s——空白水样体积，mL。

六、思考题

课后参考答案

在萃取过程中出现乳化现象时应采取什么措施？

实验 8　水中氨基甲酸酯类农药的测定

一、实验目的

1. 了解超高效液相色谱-三重四极杆质谱仪的基本构成和原理。
2. 掌握超高效液相色谱-三重四极杆质谱仪定性和定量的方法。

二、实验原理

水中的氨基甲酸酯类农药经直接进样或固相萃取法富集，用超高效液相色谱-三重四极杆质谱法分离检测。根据保留时间和特征离子定性，内标法定量。

三、试剂和仪器

1. 试剂

浓硫酸；甲醇；甲酸；氢氧化钠；氨基甲酸酯类化合物标准贮备液（$\rho=100\mu g/mL$：购于市售有证标准溶液，组分包括灭多威、灭多威肟、3-羟基克百威、残杀威、恶虫威、甲萘威、混杀威、速灭威、仲丁威、猛杀威、氯灭杀威、克百威、异丙威、灭虫威、抗蚜威，溶剂为甲醇。贮备液于 4℃以下冷藏密封避光保存或参照制造商的产品说明）；氨基甲酸酯类化合物标准使用液（取适量氨基甲酸酯类化合物贮备液用甲醇稀释，使得灭多威肟浓度为20μg/mL，速灭威、氯灭杀威、仲丁威和猛杀威浓度为2.0μg/mL，抗蚜威、克百威、异丙威和灭虫威浓度为1.0μg/mL，灭多威、3-羟基克百威、残杀威、恶虫威、甲萘威、混杀威浓度为4.0μg/mL，使用液于4℃以下冷藏密封避光保存）；内标贮备液（$\rho=100\mu g/mL$：内标物为甲萘威-D_7、克百威-D_3、灭虫威-D_3、灭多威-D_3，溶剂为甲醇）；内标使用液（取适量内标贮备液用甲醇稀释，使得灭虫威-D_3浓度为0.5μg/mL，灭多威-D_3、甲萘威-D_7和克百威-D_3的浓度为2.0μg/mL，于4℃以下冷藏密封避光保存）。

2. 仪器

超高效液相色谱-三重四极杆质谱仪。

四、实验内容

1. 水样的保存

用硫酸溶液或氢氧化钠溶液将采集来的水样调节至中性，4℃以下冷藏密封避光保存。

2. 直接进样

水样恢复至室温，经 0.22μm 滤膜过滤后，准确移取 1.0mL 样品，加入内标使用液 10.0μL，混匀待测。

固相萃取法：依次用 10mL 甲醇和 10mL 水活化固相萃取柱，在活化过程中应确保小柱中填料表面不露出液面。量取 100mL 水样，以小于 5mL/min 的流速（约 1～2 滴/s）通过固相萃取柱，废水样品体积可根据实际情况适当减少。再用 10mL 去离子水淋洗小柱，去除小柱上保留性较弱的杂质，之后用氮气吹干小柱。用 10mL 甲醇以约 3mL/min（约 1 滴/s）的流速洗脱富集后的小柱，收集洗脱液。将上述洗脱液浓缩至近干，转换溶剂为水并定容到 1.0mL，最后加入内标使用液 10.0μL，混匀后经滤膜过滤，置于样品瓶中待测。

注意：含有大量不挥发性盐的水样应采用固相萃取法对样品进行净化。

3. 空白试样制备

以水代替样品，按与试样制备相同的步骤进行空白试样的制备。

4. 设置超高效液相色谱分离条件

流动相：流动相 A 为甲酸溶液，流动相 B 为甲醇，梯度洗脱程序见表 4-1。

进样量：2.0μL。

柱温：40℃。

流速：0.3mL/min。

表 4-1 液相色谱流动相梯度洗脱程序

时间/min	A/%	B/%
0	95	5
2	95	5
5	80	20
6	80	20
8	60	40
10	60	40
11	40	60
13	40	60
14	20	80
15	0	100
17	0	100
18	95	5
20	95	5

5. 设置质谱检测条件

离子源加热气体温度：550℃。

离子化电压：5500V。

6. 仪器调谐

在规定时间和频次内对液相色谱/串联质谱仪进行仪器质量数和分辨率校正，确保仪器处于最佳测试状态。

7. 标准曲线的绘制

取一定量氨基甲酸酯类标准使用液，用水配制至少 5 个浓度点的标准系列，分别取 1.0mL 制备好的标准系列，加入内标标准使用液 10.0μL，混匀后贮存在棕色样品瓶中，待测。

由低浓度到高浓度依次完成标准系列溶液进样，以标准系列溶液中目标组分的浓度与内标物浓度的比值为横坐标，以其对应的峰面积与内标物峰面积的比值为纵坐标，绘制标准曲线。

8. 样品测定

取待测试样，按照与绘制标准曲线相同的仪器分析条件进行测试。

9. 实验室空白试验

在分析样品的同时，将空白试样按照与绘制标准曲线相同的仪器分析条件进行测定。

五、数据记录与处理

$$\rho = \frac{\rho_1 \times V_1 \times f}{V}$$

式中　ρ——样品中目标物的质量浓度，μg/L；

　　　ρ_1——由标准曲线上查得的试样中目标物的浓度，μg/L；

　　　V_1——试样的体积，mL；

　　　V——水样体积，mL；

　　　f——稀释倍数。

六、思考题

课后参考
答案

如何确定色谱图中主要峰的归属？

| 第五章 | 综合实训实验

实验 1　食用纯碱质量分析

一、实验目的

1. 了解食用纯碱质量标准。
2. 掌握试样的处理方法。
3. 掌握总碱量和杂质铁含量的测定原理和方法。
4. 理解食用纯碱质量评价方法。
5. 掌握分析实验基本操作。
6. 掌握 722 型分光光度计的使用。

二、实验原理

1. 食用纯碱总碱量的测定原理

用酸碱滴定法测定总碱量，反应产物为氯化钠和碳酸，等电点时 pH 值为 3.8~3.9，以溴甲酚绿-甲基红为指示液，用盐酸标准溶液滴定。

2. 食用纯碱中杂质铁含量的测定原理

用抗坏血酸将试液中的三价铁还原成二价铁。在 pH 值为 2~9 时，二价铁与邻二氮菲生成橙红色络合物，在分光光度计最大吸收波长（510nm）处测定吸光度。利用标准曲线法测定样品中铁的含量。

三、试剂和仪器

1. 试剂

铁标准溶液［含铁 0.200g/L：准确称取 1.727g 十二水硫酸铁铵，用约 200mL 水溶

147

解，定量转移至 1000mL 容量瓶中，加 20mL（1：2）硫酸溶液，稀释至刻度并摇匀]；溴甲酚绿-甲基红混合指示液 [将溴甲酚绿乙醇溶液（1g/L）与甲基红的乙醇溶液（2g/L）按 3：1 体积比混合，摇匀]；pH 4.5 乙酸-乙酸钠缓冲溶液（称取 164g 无水乙酸钠，用 500mL 水溶解，加 240mL 冰乙酸，用水稀释至 1000mL，摇匀）；1：1 HCl；1：2 氨水；1：2 硫酸溶液；100g/L 抗坏血酸水溶液（现配，该溶液一周后不能使用）；邻二氮菲溶液（1g/L）；浓盐酸（密度 1.19g/mL，AR）；碳酸钠（s，AR）。

2. 仪器

722 型分光光度计；马弗炉；50mL 酸式滴定管；100mL 和 50mL 容量瓶；1mL 和 10mL 吸量管；100mL 烧杯；25mL 量筒；称量瓶；250mL 锥形瓶；1cm 比色皿。

四、实验内容

1. 1.0mol/L 盐酸标准溶液的配制

移取 25.0mL 浓盐酸，用水稀释到 300mL，装入试剂瓶中，摇匀。

2. 1.0mol/L 盐酸标准溶液的标定

准确称取 1.6g 于 270～300℃灼烧至恒重的基准无水碳酸钠，于 250mL 锥形瓶中，加水 50mL 溶解，加 10 滴溴甲酚绿-甲基红混合指示液，用 1.0mol/L 盐酸标准溶液滴定至溶液由绿色变为暗红色，煮沸 2 分钟（如果颜色不变，不用再滴），流水冷却后，继续滴定至溶液呈暗红色。平行标定三份。

3. 试样总碱量的测定

准确称取 1.6g 的食用碳酸钠，于 250mL 锥形瓶中，加水 50mL 溶解，加 10 滴溴甲酚绿-甲基红混合指示液，用 1.0mol/L 盐酸标准溶液滴定至溶液由绿色变为暗红色，煮沸 2min（如果颜色不变，不用再滴），用流水冷却后，继续滴定至溶液呈暗红色。平行测定三份。同时做空白试验。以碳酸钠计算总碱量质量百分数。

4. 0.020mg/mL 铁标准使用液的配制

用移液管准确吸取 0.20mg/mL 铁标准溶液 10.00mL 于 100mL 容量瓶中，加水至刻度，摇匀，即得。

5. 铁标准系列溶液的配制

在一系列 50mL 容量瓶中，分别加入 0.00、1.00、3.00、5.00、7.00、9.00mL 的 0.020mg/mL 铁标准使用液。加水至约 20mL，加入 1.0mL 抗坏血酸溶液，摇匀，放置 2 分钟，再加入 10.0mL 乙酸-乙酸钠缓冲溶液 5.0mL 邻二氮菲溶液，加水至刻度，摇匀。

6. 铁标准曲线的绘制

以铁含量为零的溶液作为参比溶液，在最大吸收波长 510nm 处，用分光光度计测定各标准系列溶液的吸光度，并绘制标准工作曲线。

7. 试液的制备

准确称量约 4g 食用纯碱试样置于 100mL 烧杯中，加少量水润湿，盖上表面皿，滴加 14.0mL 1∶1 盐酸煮沸 3~5 分钟，冷却，将溶液定量转移至 100mL 容量瓶中，用水稀释到刻度，摇匀，备用。

8. 试样空白液的制备

取 7.0mL 1∶1 盐酸于 100mL 烧杯中，滴加 1∶2 氨水中和至中性，用精密 pH 试纸检验，将溶液定量转移至 50mL 容量瓶中，用水稀释到刻度，摇匀，备用。

9. 试样溶液的测定

取试样空白液和上述试样溶液各 25.00mL 于 50mL 容量瓶中，分别加入 1.0mL 抗坏血酸溶液，摇匀，放置 2min，再加入 10.0mL 乙酸-乙酸钠缓冲溶液 5.0mL 邻二氮菲溶液，加水至刻度，摇匀。以试样空白液作为参比溶液，在最大吸收波长 510nm 处，用分光光度计测定试样溶液的吸光度。计算试样中铁的含量。

五、数据记录与处理

1. 准确记录数据，进行盐酸标准溶液浓度和食用纯碱的含量、相对平均偏差计算并列表表示。

2. 记录铁各标准系列溶液和试样溶液的吸光度，利用标准曲线法计算出试样中铁的含量。

六、注意事项

1. 加入抗坏血酸溶液之后，一定要静置 2min 使反应进行完全。
2. 食用纯碱处理时要防止溅出导致结果出现较大误差。

课后参考

答案

七、思考题

1. 在测铁时加入抗坏血酸溶液的目的是什么？抗坏血酸溶液为什么要当天配制？
2. 如果碳酸钠基准物质未烘干，盐酸标准溶液浓度的标定结果偏高还是偏低？

实验 2 水中硫酸盐和氯化物含量的测定

一、实验目的

1. 了解饮用水质量标准。
2. 掌握试样的处理方法。
3. 掌握饮用水中硫酸盐和氯化物含量的测定原理和方法。
4. 理解饮用水质量评价方法。
5. 掌握分析实验基本操作。
6. 掌握 722 型分光光度计的使用。

二、实验原理

1. 饮用水中硫酸盐含量的测定原理

$$Ba^{2+} + SO_4^{2-} \longrightarrow BaSO_4 \downarrow \quad （白色沉淀）$$

通过在 420nm 最大吸收处测量吸光度 A，利用标准工作曲线法进行定量。

2. 饮用水中氯化物含量的测定原理

在微酸性的水或乙醇水溶液中，用强电离的硝酸汞标准溶液滴定氯离子，使其生成难电离的氯化汞，稍过量的二价汞离子与二苯偶氮碳酰肼指示剂形成紫红色的络合物指示终点。

三、试剂和仪器

1. 试剂

10.0mg/mL SO_4^{2-} 标准溶液（称取 18.142g 在 105℃ 烘干至恒重的分析纯无水硫酸钾或 14.786g 无水硫酸钠溶于少量蒸馏水中，溶解，全部转移到 1000mL 容量瓶中，定容到刻度摇匀）；3mol/L 氯化钡溶液（称取 183g 氯化钡溶于 500mL 纯水中）；0.05mol/L 硝酸汞标准溶液（称取 17.13g 一水硝酸汞或 16.68g 半水硝酸汞置于 250mL 烧杯中，加 7.0mL 1∶1 硝酸，再加少量水溶解，移入 1000mL 试剂瓶中，加水至 1000mL，摇匀）；二苯偶氮碳酰肼乙醇指示剂（0.5%乙醇溶液：称取 0.5g 二苯偶氮碳酰肼溶于 100mL 95%乙醇中）；1g/L 溴酚蓝乙醇溶液（称取 0.1g 溴酚蓝溶于 100mL 95%乙醇中）；氢氧化钠溶液（1mol/L）；硝酸溶液（1mol/L）；氯化钠（s，AR）；1∶1 硝酸；95%乙醇（AR）。

2. 仪器

分光光度计；1cm 比色皿；50mL 酸式滴定管；250mL 锥形瓶；100mL 烧杯；50mL 和 100mL 容量瓶；25mL 移液管；5mL 和 10mL 吸量管；电子分析天平；称量瓶。

四、实验内容

1. 0.50mg/mL SO_4^{2-} 标准使用液的配制

准确吸取 5.00mL 10.00 mg/mL SO_4^{2-} 标准溶液于 100mL 容量瓶中，用水定容到刻度，摇匀即可。

2. SO_4^{2-} 标准系列溶液的配制

取一系列 50mL 容量瓶，分别加入含 0.50mg/mL SO_4^{2-} 标准使用液 0.00、1.00、3.00、5.00、7.00、9.00mL，用纯水稀释至 25mL，然后按水样测定步骤进行。

3. 水样中 SO_4^{2-} 的测定

准确吸取水样 25mL 于 50mL 容量瓶中，加 8 滴 1∶1 盐酸、5mL 95%乙醇摇匀，加 5.0mL 氯化钡溶液，摇动 1min，然后用水定容至刻度并摇匀，待 5min 后与标准系列溶液在 420nm 最大吸收处测量吸光度 A 进行定量。

4. 0.1mol/L 氯化钠标准溶液的配制

准确称取 0.5896g 氯化钠置于小烧杯中加少量水溶解，将溶液全部定量转入 100mL 容量瓶中，加水至刻度，摇匀。计算氯化钠标准溶液的浓度。

5. 0.05mol/L 硝酸汞标准溶液的配制

称取 17.13g 一水硝酸汞或 16.68g 半水硝酸汞置于 250mL 烧杯中，加 7.0mL 1∶1 硝酸，再加少量水溶解，移入 1000mL 试剂瓶中，加水至 1000mL，摇匀。

6. 0.05mol/L 硝酸汞标准溶液的标定

准确移取 0.1mol/L 氯化钠标准溶液 20.00mL 于 250mL 锥形瓶中，加 2~3 滴溴酚蓝指示剂，再用 1mol/L 硝酸调至溶液由蓝色变为黄色，再过量 3 滴，加 1.0mL 二苯偶氮碳酰肼指示剂，用 0.05mol/L 硝酸汞标准溶液滴定至溶液颜色由黄色变为紫红色即为终点。平行标定三份。同时做空白试验。

7. 0.005mol/L 硝酸汞标准溶液的配制

用移液管移取 10.00mL 0.05mol/L 硝酸汞标准溶液于 100mL 容量瓶中，加 1mol/L 硝酸 9.0mL，加水至刻度，摇匀。

8. 水样中氯离子的测定

准确移取 50.00mL 水样于 250mL 锥形瓶中，加 10mL 乙醇，加 2~3 滴溴酚蓝指示剂，滴加 1mol/L 硝酸中和至黄色，再滴加 1mol/L 氢氧化钠溶液至呈蓝色，再用 1mol/L 硝酸调至溶液恰呈黄色，并过量2～6滴，然后加1.0mL二苯偶氮碳酰肼指示剂，0.005mol/L硝酸汞标准溶液滴定至溶液颜色由黄色变为紫红色即为终点。平行测定三份。

五、数据记录与处理

1. 准确记录 SO_4^{2-} 各标准使用液和水样溶液的吸光度，绘制标准工作曲线和计算水中硫酸根的含量。

2. 准确计算氯化钠标准溶液的浓度，进行硝酸汞标准溶液浓度和水样中氯离子的含量、相对平均偏差的计算并列表表示。

六、注意事项

1. 硝酸汞有毒，实验后把手洗净。
2. 硫酸钡沉淀在水中不稳定，应尽快测定。

课后参考
答案

七、思考题

1. 测定水中氯离子的含量时加入乙醇的目的是什么？
2. 如果氯化钠基准物质未烘干，硝酸汞标准溶液浓度的标定结果偏高还是偏低？

实验 3　硅酸盐水泥中 SiO_2、Fe_2O_3、Al_2O_3、CaO、MgO 含量的测定

一、实验目的

1. 学习复杂物质分析的方法。
2. 掌握氯化铵重量法测定水泥中 SiO_2 含量的原理和方法。
3. 掌握尿素均匀沉淀法的分离技术。
4. 学习配位滴定法测定水泥中 Fe_2O_3、Al_2O_3 等含量的原理和方法。

二、实验原理

1. SiO_2 含量的测定——重量法

水泥熟料主要为硅酸三钙（$3CaO \cdot SiO_2$）、硅酸二钙（$2CaO \cdot SiO_2$）、铝酸三钙（$3CaO \cdot Al_2O_3$）和铁铝酸四钙（$4CaO \cdot Al_2O_3 \cdot Fe_2O_3$）等化合物的混合物。水泥熟料中碱性氧化物占 60% 以上，因此宜采用酸分解。这些化合物与盐酸作用时，生成硅酸和可溶性的氯化物，反应式如下：

$$2CaO \cdot SiO_2 + 4HCl \longrightarrow 2CaCl_2 + H_2SiO_3 + H_2O$$
$$3CaO \cdot SiO_2 + 6HCl \longrightarrow 3CaCl_2 + H_2SiO_3 + 2H_2O$$
$$3CaO \cdot Al_2O_3 + 12HCl \longrightarrow 3CaCl_2 + 2AlCl_3 + 6H_2O$$
$$4CaO \cdot Al_2O_3 \cdot Fe_2O_3 + 20HCl \longrightarrow 4CaCl_2 + 2AlCl_3 + 2FeCl_3 + 10H_2O$$

硅酸是一种很弱的无机酸，在水溶液中绝大部分以溶胶状态存在，其化学式以 $SiO_2 \cdot nH_2O$ 表示。在用浓酸和加热蒸干等方法处理后，能使绝大部分硅胶脱水成水凝胶析出，因此可利用沉淀分离的方法把硅酸与水泥中的铁、铝、钙、镁等其他组分分开。

本实验采用氯化铵法。在水泥以无水碳酸钠烧结、盐酸溶解后的溶液中，采用加热蒸发近干和加固体氯化铵两种措施，使水溶性胶状硅酸尽可能全部脱水析出。蒸干脱水是将溶液控制在 $100 \sim 110℃$ 左右下进行的。由于 HCl 的蒸发，硅酸中所含的水分大部分被带走，硅酸水溶胶即成为水凝胶析出。由于溶液中的 Fe^{3+}、Al^{3+} 等离子在温度超过 110℃ 时易水解生成难溶性的碱式盐而混在硅酸凝胶中，这样将使 SiO_2 的结果偏高，而 Fe_2O_3、Al_2O_3 等的结果偏低，故加热蒸干宜采用水浴以严格控制温度。加入固体氯化铵后由于氯化铵易离解生成 $NH_3 \cdot H_2O$ 和 HCl，加热时它们易于挥发逸去，从而消耗了水，因此能促进硅酸水溶胶的脱水作用，反应式如下：

$$NH_4Cl + H_2O \longrightarrow NH_3 \cdot H_2O + HCl$$

含水硅酸的组成不固定，故沉淀经过过滤、洗涤、烘干后，还需经 $950 \sim 1000℃$ 高温灼

烧成固体 SiO_2，然后称量，根据沉淀的质量计算 SiO_2 的质量分数。

2. Fe_2O_3 的测定原理

在 pH 1.8～2.0，温度为 60～70℃ 的溶液中，以磺基水杨酸钠为指示剂，用 EDTA 标准溶液滴定。

3. Al_2O_3 的测定原理

将滴定铁后的溶液 pH 值调节至 3.0，在煮沸下以 EDTA-铜和 PAN 为指示剂，用 EDTA 标准溶液滴定。

4. CaO 的测定原理

在 pH 13 以上的强碱性溶液中，以三乙醇胺为掩蔽剂，用钙黄绿素-甲基百里香酚蓝-酚酞混合指示剂（CMP 指示剂），用 EDTA 标准溶液滴定。

5. MgO 的测定原理

在 pH 10 的溶液中，以酒石酸钾钠、三乙醇胺为掩蔽剂，用酸性铬蓝 K-萘酚绿 B 混合指示剂，用 EDTA 标准溶液滴定。

三、试剂和仪器

1. 试剂

EDTA（s, GR）；$CaCO_3$（s, GR）；五水硫酸铜（s, GR）；无水碳酸钠（s, GR）；氯化铵（s, GR）；氢氧化钾（s, GR）；酒石酸钾钠（s, GR）；溴酚蓝指示剂溶液（2g/L）；pH 3.0 缓冲溶液（将 3.2g 无水乙酸钠溶于水中，加入 120mL 冰乙酸，加水稀释至 1L）；pH 10 NH_3-NH_4Cl 缓冲溶液（将 67.5g 氯化铵溶于水中，加入 570mL 氨水，加水稀释至 1L）；EDTA-铜溶液（等物质的量浓度的 EDTA 标准溶液与硫酸铜标准溶液）；1-(2-吡啶偶氮)-2-萘酚指示剂溶液（PAN 指示剂溶液，2g/L）；钙黄绿素-甲基百里香酚蓝-酚酞混合指示剂（CMP 指示剂）；酸性铬蓝 K-萘酚绿 B 混合指示剂（KB 指示剂）；溴酚蓝指示剂溶液；磺基水杨酸钠指示剂溶液；1∶1 氨水；1∶1 HCl 溶液；1∶2 HCl 溶液；3∶97 HCl 溶液；HNO_3；H_2SO_4；1∶4 H_2SO_4；HF；1∶2 三乙醇胺溶液。

2. 仪器

酸式滴定管；烧杯，移液管；容量瓶；锥形瓶；量筒；表面皿；电热套；漏斗；滤纸；银坩埚；铂坩埚；pH 试纸；干燥器；高温炉。

四、实验内容

1. 500mL 0.02mol/L EDTA 溶液的配制与标定

在台秤上称取 4g EDTA，加入 100mL 水溶解后，转移至塑料瓶中，稀释至 500mL，摇匀，待测定。

准确称取在 120℃烘干的 $CaCO_3$ 0.50～0.55g 一份，置于小烧杯中，用少量蒸馏水润湿，盖上表面皿。缓慢加 1：1 HCl 溶液 10～20mL，加热溶解后，定量地转入 250mL 容量瓶中，定容后摇匀，移取 25.00mL 注入锥形瓶中，加 20mL NH_3-NH_4Cl 缓冲溶液、铬黑 T 指示剂 2～3 滴。用待标定的 EDTA 溶液滴定到紫红色变为纯蓝色即终点，平行滴定三次。计算 EDTA 的浓度。

2. 250mL 0.02mol/L $CuSO_4$ 溶液的配制

准确称取 1.25g 分析纯五水硫酸铜，加入适量蒸馏水溶解，待完全溶解后转入 250mL 容量瓶中，用水稀释至刻度，摇匀。

3. SiO_2 的测定

称取约 0.5g 的试样，精确至 0.0001g，置于铂坩埚中，将盖斜置于坩埚上，在 950～1000℃下灼烧 5min，取出坩埚冷却，用玻璃棒仔细压碎块状物，加入（0.30±0.01）g 已磨细的无水碳酸钠，仔细混匀。再将坩埚置于 950～1000℃下灼烧 10min，取出坩埚冷却。

将烧结块移入瓷蒸发皿中，加入少量水润湿，用平头玻璃棒压碎块状物，盖上表面皿，从皿口慢慢加入 5mL 盐酸及 2～3 滴硝酸，待反应停止后取下表面皿，用平头玻璃棒压碎块状物使其分解完全，用热盐酸（1：1）清洗坩埚数次，洗液合并于蒸发皿中。将蒸发皿置于蒸汽水浴上，皿上放一玻璃三脚架，再盖上表面皿。蒸发至糊状后，加入约 1g 氯化铵，充分搅匀，在蒸汽水浴上蒸至干后继续蒸发 10～15min。蒸发期间用平头玻璃棒仔细搅拌并压碎大颗粒。

取下蒸发皿，加入 10～20mL 热盐酸（3：97），搅拌使可溶性盐类溶解。用中速定量滤纸过滤，用胶头擦棒擦洗玻璃棒及蒸发皿，用热盐酸（3：97）洗涤沉淀 3～4 次，然后用热水充分洗涤沉淀，直至检验无氯离子（用 $AgNO_3$ 检查）。滤液及洗液收集于 250mL 容量瓶中。

将沉淀连同滤纸放入铂坩埚中，将盖斜置于坩埚上，在电炉上干燥、灰化完全后，放入 950～1000℃的高温炉内灼烧 60min，取出坩埚置于干燥器中，冷却至室温，称量。反复灼烧，直至恒重。

向坩埚中慢慢加入数滴水润湿成沉淀，加入 3 滴硫酸（1：4）和 10mL 氢氟酸，放入通风橱内电热板上缓慢加热，蒸发至干，升高温度继续加热至三氧化硫白烟完全驱尽。将坩埚放入 950～1000℃的高温炉内灼烧 30min，取出坩埚于干燥器中，冷却至室温，称量。反复灼烧，直至恒重。

向经过氢氟酸处理后得到的残渣中加入 0.5g 焦硫酸钾，在喷灯上熔融，熔块用热水和数滴盐酸（1：1）溶解，溶液并入分离二氧化硅后得到的滤液和洗液中。用水稀释至标线，摇匀。标记为溶液 A。

4. Fe_2O_3 含量的测定

称取约 0.5g 试样，精确至 0.0001g，置于银坩埚中，加入 6～7g 氢氧化钠，盖上坩埚盖（留有缝隙），放入高温炉中，从低温升起，在 650～700℃的高温下熔融 20min，其间取出摇动 1 次。取出冷却，将坩埚放入已盛有约 100mL 沸水的 300mL 烧杯中，盖上表面皿，在电炉上适当加热，待熔块完全浸出后，取出坩埚，用水冲洗坩埚和盖。在搅拌下依次加入 25～30mL 盐酸，再加入 1mL 硝酸，用热盐酸（1:5）洗净坩埚和盖。将溶液加热煮沸，冷却至室温后，移入 250mL 容量瓶中，用水稀释至标线，摇匀。标记为溶液 B。

准确移取 25.00mL 溶液 B 于 300mL 烧杯中，加水稀释至约 100mL，用氨水（1:1）和盐酸（1:1）调节溶液 pH 值在 1.8～2.0 之间。将溶液加热至 70℃，加入 10 滴磺基水杨酸钠指示剂溶液，用 EDTA 标准溶液缓慢地滴定至亮黄色（终点时溶液温度应不低于 60℃，如终点前溶液温度降至近 60℃，应再加热至 65～70℃）。保留此溶液供测定 Al_2O_3 用。

5. Al_2O_3 含量的测定

将测定完铁的溶液加水稀释至约 200mL，加入 1～2 滴溴酚蓝指示剂溶液，滴加氨水（1:1）至溶液出现蓝紫色，再滴加盐酸（1:1）至黄色。加入 15mL pH 3.0 的缓冲溶液，加热煮沸并保持微沸 1min，加入 10 滴 EDTA-铜溶液及 2～3 滴 PAN 指示剂溶液，用 EDTA 标准溶液滴定至红色消失。继续煮沸，滴定，直至溶液经煮沸后红色不再出现，呈稳定的亮黄色。

6. CaO 的测定

从溶液 A 中吸取 25.00mL 溶液放入 300mL 烧杯中，加水稀释至约 200mL。加入 5mL 三乙醇胺溶液（1:2）及适量的 CMP 指示剂，在搅拌下加入 200g/L 氢氧化钾溶液至出现绿色荧光后再过量 5～8mL，此时溶液 pH 在 13 以上，用 EDTA 标准溶液滴定至绿色荧光完全消失并呈现红色。

7. MgO 的测定

从溶液 A 中吸取 25.00mL 溶液放入 300mL 烧杯中，加水稀释至约 200mL，加入 1mL 酒石酸钾钠溶液，搅拌，然后加入 5mL 三乙醇胺（1:2），搅拌。加入 25mL pH10 缓冲溶液及适量的酸性铬蓝 K-萘酚绿 B 混合指示剂，用 EDTA 标准溶液滴定，近终点时应缓慢滴定至纯蓝色。

五、数据记录与处理

准确记录数据，计算硅酸盐水泥中 SiO_2、Fe_2O_3、Al_2O_3、CaO、MgO 的含量。

1. SiO_2 含量的计算

$$w_{SiO_2} = \frac{m_1 - m_2}{m} \times 100\%$$

式中 m_1——坩埚加热灼烧后沉淀的质量，g；

m_2——恒重坩埚的含量，g；

m——水泥样品的质量，g。

2. Fe₂O₃ 含量的计算

$$w_{Fe_2O_3} = \frac{\frac{1}{2}cV \times 10^{-3} \times M_{Fe_2O_3}}{m \times \dfrac{25.00}{250.0}} \times 100\%$$

式中　c——EDTA 的浓度，mol/L；

　　　V——滴定 Fe₂O₃ 时消耗 EDTA 的体积，mL；

　　　m——水泥样品的质量，g。

3. Al₂O₃ 含量的计算

$$w_{Al_2O_3} = \frac{\frac{1}{2}cV \times 10^{-3} \times M_{Al_2O_3}}{m \times \dfrac{25.00}{250.0}} \times 100\%$$

式中　c——EDTA 或 CuSO₄ 的浓度，mol/L；

　　　V——滴定 Al₂O₃ 时消耗 EDTA 的体积，mL；

　　　m——水泥样品的质量，g。

4. CaO 含量的计算

$$w_{CaO} = \frac{cV \times 10^{-3} \times M_{CaO}}{m \times \dfrac{25.00}{250.0}} \times 100\%$$

式中　c——EDTA 的浓度，mol/L；

　　　V——滴定 CaO 时消耗 EDTA 的体积，mL；

　　　m——水泥样品的质量，g。

5. MgO 含量的计算

$$w_{MgO} = \frac{cV \times 10^{-3} \times M_{MgO}}{m \times \dfrac{25.00}{250.0}} \times 100\%$$

式中　c——EDTA 的浓度，mol/L；

　　　V——滴定 MgO 时消耗的 EDTA 的体积，mL；

　　　m——水泥样品的质量，g。

六、注意事项

1. Fe₂O₃、Al₂O₃、CaO、MgO 含量测定中，溶解水泥试样时应充分搅拌，仔细混匀，否则试样溶解不完全，将严重影响下面的测定。

2. EDTA 滴定 Fe³⁺时，溶液最高许可酸度为 pH=1.5。pH<1.5 络合不完全，结果偏低；pH>3，Al³⁺有干扰，使结果偏高。若试样为矾土水泥，Al₂O₃ 含量高，则滴定 Fe³⁺时的 pH

值应控制在 1.5～2.0 之间，以减少大量 Al^{3+} 干扰。

3. 在滴定 Fe^{3+} 时，近终点应放慢滴定速度，注意操作，仔细观察。滴定终点随铁的含量不同而不同，特别是含铁量低的样品，终点更难观察。当滴定至淡紫色时，每加入一滴，应摇动片刻，必要时再加热（滴完溶液温度约 60℃），小心滴定至亮黄色。因为此处滴定不佳，不但影响 Fe^{3+} 的测定，还影响 Al^{3+} 的测定结果。

课后参考
答案

七、思考题

1. 在 Fe^{3+}、Al^{3+}、Ca^{2+}、Mg^{2+} 共存时，能否用 EDTA 标准溶液控制酸度法滴定 Fe^{3+}？滴定 Fe^{3+} 的介质酸度范围为多少？

2. EDTA 滴定 Ca^{2+}、Mg^{2+} 时，怎样消除 Fe^{3+}、Al^{3+} 的干扰？

实验 4 蔬菜和水果中苯并咪唑类农药残留量的测定

一、实验目的

1. 掌握液相色谱仪的基本构造及操作方法。
2. 初步掌握样品前处理方法。
3. 掌握农药残留量的测定方法。

二、实验原理

多菌灵等苯并咪唑类化合物低毒且能够抑制菌类生长，其在农作物生长中应用广泛。噻菌灵、苯菌灵、多菌灵、甲基硫菌灵、2-氨基苯并咪唑是具有代表性的含苯并咪唑活性基团的商品化杀菌剂。对植物具有良好的保护和治疗作用。多菌灵类苯并咪唑类化合物对人、畜低毒，但是若长期摄入，在体内积累仍会导致慢性或急性毒性而影响人体健康。

本实验利用乙腈提取样品，用氯化钠盐析、净化后经 C_{18} 柱（250mm×4.6mm，0.5μm）分离，检测波长为287nm，流动相为甲醇：水=80：20，流速为0.8mL/min。根据保留时间定性，用外标法定量。

三、试剂和仪器

1. 试剂

噻菌灵；苯菌灵；多菌灵；甲基硫菌灵；2-氨基苯并咪唑标准品（纯度≥98％）；乙腈（色谱纯）；甲醇（色谱纯）；实验用水（二次蒸馏水）；氯化钠饱和溶液等。

2. 仪器

Waters 600E-2487型高效液相色谱仪（配有紫外检测器）；FA2004型电子分析天平；KQ-200KDE 型超声波清洗机；HR7625型高速匀浆机；MTN-5800A 型氮吹仪。

四、实验内容

1. 试样的提取

将蔬菜和水果样品洗净晾干置于多用食品加工机中搅碎。

2. 试样的净化

称取10g试样于50mL塑料离心管中，加入20mL乙腈，振荡提取10min后，再加入3～4g氯化钠，振荡5min左右，便于分层。然后用离心机以4500r/min的转速离心4～5min。取上层清液10mL，用氮吹仪吹至近干，加入10mL甲醇定容待用。

3. 标准溶液配制

分别配制浓度为0.01、0.02、0.04、0.06、0.08、0.10mg/mL的标准溶液，超声除气后待用。

4. 色谱测定

（1）在设定的色谱条件下用标准溶液进样，记录保留时间和峰面积；
（2）在相同条件下用样品溶液进样，记录数据。

五、数据记录与处理

1. 确定噻菌灵、苯菌灵、多菌灵、甲基硫菌灵、2-氨基苯并咪唑的保留时间。
2. 根据实验数据绘制标准曲线，计算样品中噻菌灵、苯菌灵、多菌灵、甲基硫菌灵、2-氨基苯并咪唑的含量。

六、思考题

课后参考
答案

如何确定样品中是否含有噻菌灵、苯菌灵、多菌灵、甲基硫菌灵、2-氨基苯并咪唑等物质？（样品可以选择蘑菇、黄瓜、甘蓝、苹果、香蕉、桃、柑橘、葡萄和草莓等。）

实验5　食用植物油脂品质检验

一、实验目的

1. 掌握鉴别食用植物油脂品质的基本感官鉴别方法。
2. 掌握油脂酸价、碘价、过氧化值、皂化价测定方法的原理。
3. 学习实际样品的分析方法,通过对食用植物油脂主要特性的分析,包括试样的制备分离提纯、分析条件及方法的选择、标准溶液的配制及标定以及数据处理等内容,综合训练有关基本技能。

二、实验原理

1. 食用植物油感官评定

利用食品感官评定的基本技术和食用油的一些感官特性进行鉴别判断。

2. 酸价

酸价是反映油脂质量的主要技术指标之一,同一种植物油酸价越高,说明其质量越差,越不新鲜。油脂酸价的测定不仅是油脂酸败定性和定量检验的参考,而且是鉴定油脂品质优劣的重要依据。所谓酸价(酸值)是指中和 1.0g 油脂所含游离脂肪酸所需氢氧化钾的质量(mg)。用有机溶剂将油脂试样溶解成样品溶液,再用氢氧化钾或氢氧化钠标准溶液中和滴定样品溶液中的游离脂肪酸,以指示剂相应的颜色变化来判定滴定终点,最后通过滴定终点消耗的标准溶液的体积计算油脂试样的酸价。

3. 碘价

测定碘价可以了解油脂脂肪酸的组成是否正常、有无掺杂等。最常用的是氯化碘-乙酸溶液法(韦氏法)。其原理为:在溶剂中溶解试样并加入韦氏碘液,氯化碘则与油脂中的不饱和脂肪酸起加成反应,再加入过量的碘化钾,与剩余的氯化碘反应生成游离的碘,释放出的碘可用硫代硫酸钠标准溶液滴定,从而计算出被测样品所吸收的氯化碘(以碘计)的质量(g)数,求出碘价。

4. 过氧化值

检测油脂中是否存在过氧化值,以及含量的大小,即可判断油脂是否新鲜及酸败的程度。滴定法常用于食用动植物油脂的测定,其原理为:油脂氧化过程中产生过氧化物,与碘化钾作用,生成游离碘,以硫代硫酸钠溶液滴定析出的碘,用过氧化物相当于碘的质量分数或 1kg 样品中活性氧的毫摩尔数表示过氧化值的量。

5. 皂化价

脂肪的碱水解称皂化作用。皂化 1g 脂肪所需的氢氧化钾的质量（mg）数，称为皂化价。脂肪的皂化价与分子量成反比，由皂化价的数值可知混合脂肪的平均分子量。基本原理为：油脂与氢氧化钾乙醇溶液共热时，发生皂化反应，剩余的碱可用标准酸液进行滴定，从而可计算出中和油脂所需的氢氧化钾质量（mg）数。

三、试剂和仪器

1. 试剂

饱和碘化钾溶液；环己烷-冰乙酸溶液；三氯甲烷-冰乙酸混合液；中性乙醚-乙醇（2∶1）混合液；酚酞指示剂；0.100mol/L 氢氧化钠乙醇溶液；碘化钾溶液（100g/L）；氯化碘-乙酸溶液（韦氏试剂）；70%乙醇；淀粉指示剂（5g/L）；豆油等。

2. 仪器

减压蒸馏装置；具有刻度尾管的浓缩瓶；玻璃板（5cm×20cm）；层析槽；10μL 微量注射器；250mL 碘量瓶；各种分析天平；分光光度计；10mL 具塞玻璃比色管；500mL 具塞锥形瓶；玻璃称量皿。

四、实验内容

（一）感官鉴别法

1. 看色泽

取少量油放在 25mL 比色管中，在白色背景下观察试样的颜色。

2. 看透明度

质量好的油，温度在 20℃静置 24h 后应透明。要选择澄清、透明的油，透明度越高越好。如果油质浑浊，透明度低，说明油中水分多，黏蛋白和磷脂多，加工精炼程度差；有时油脂变质后，形成的高熔点物质，也能引起油脂的浑浊。掺了假的油脂，也有浑浊和透明度差的现象。

3. 看沉淀物

食用植物油在 20℃静置 24h 后所能下沉的物质，称为沉淀物。油脂的质量越高，沉淀物越少。质量正常的油无沉淀物和悬浮物，黏度小。

4. 闻

方法 1：盛装油脂的容器打开封口的瞬间，用鼻子挨近容器口，闻其气味。
方法 2：取 1～2 滴油样放在手掌或手背上，双手合拢快速摩擦至发热，闻其气味。

方法 3：用精钢勺取油样 25g 左右。加热到 50℃ 左右，用鼻子接近油面，闻其气味。

5. 尝

通过嘴尝得到的味感。除小磨芝麻油带有特有的芝麻香味外，一般食用油多无任何滋味。质量正常的油无异味，如油有苦、辣、酸、麻等味感则说明已变质，有焦煳味的油质量也不好。用筷子蘸上一点油，滴在舌头上辨其味。

6. 查

查看包装上标注的内容及商标，特别是保质期和出厂日期，并要加贴 QS 标志，无厂名、厂址及质量标准代号的不要食用，最好不要选购一两个月后到期的油。

（二）酸价的测定

1. 500mL 0.05mol/L 氢氧化钾标准溶液的配制和标定

台秤称取 KOH 固体 1.4g，加入 500mL 的纯水。

准确称取 1.5～2.0g 无水邻苯二甲酸氢钾于小烧杯中溶解，定量转移入 250mL 容量瓶中，定容。用 25.00mL 移液管移取三份，加酚酞指示剂 1～2 滴，用待标定的 KOH 溶液滴至微红色，半分钟内不褪色，即达终点。平行标定三份，计算 KOH 溶液的浓度，其相对标准偏差应不大于 0.2%。

2. 测定

称取 3.00～5.00g 混匀的试样，置于锥形瓶中，加入 50mL 中性乙醚-乙醇混合液，摇动至油溶解，必要时可置于热水中，温热至其溶解。冷至室温，加入 2～3 滴酚酞指示剂，以 KOH 标准溶液滴定至微红色且 30s 内不褪色为终点。记录消耗的 KOH 标准溶液的体积。

（三）碘价的测定

1. 0.017mol/L 重铬酸钾标准溶液的配制

准确称取重铬酸钾 0.48～0.52g 于 100mL 烧杯中，用适量水溶解后，全部转移至 100mL 容量瓶中，用水稀释至刻度，摇匀。计算其准确浓度。

2. 0.10mol/L $Na_2S_2O_3$ 标准溶液的配制

准确称取 7.8g $Na_2S_2O_3 \cdot 5H_2O$，溶于 300mL 新煮沸的纯水中，加 0.1g 碳酸钠保存于棕色瓶中，放置一周后进行标定。

3. $Na_2S_2O_3$ 标准溶液的标定

准确移取 25.00mL 重铬酸钾标准溶液于 250mL 锥形瓶中，加 6mL 6mol/L 的盐酸和 1.25g KI，摇匀后盖上表面皿，于暗处放置 5min。然后用 100mL 水稀释，用 $Na_2S_2O_3$ 标准溶液滴定至浅黄绿色后加入 2mL 淀粉指示剂，继续滴定至溶液蓝色消失并变为绿色即为终点。平行测定三份，计算 Na₂S₂O₃ 标准溶液滴定的浓度和相对平均偏差。

4. 测定

试样的量根据估计的碘价而异（碘价高，油样少；碘价低，油样多），一般在 0.25g 左右。将称好的试样放入 500mL 锥形瓶中，加入 20mL 环己烷-冰乙酸等体积混合液，溶解试样，准确加入 25.00mL 韦氏试剂，盖好塞子，摇匀后放于暗处 30min 以上（碘价低于 150 的样品，应放 1h；碘价高于 150 的样品，应放 2h）。反应时间结束后，加入 20mL 碘化钾溶液（100g/L）和 150mL 水。用 0.1mol/L 硫代硫酸钠滴定至浅黄色，加几滴淀粉指示剂继续滴定至剧烈摇动后蓝色刚好消失。在相同条件下，同时做一空白试验。

（四）过氧化值的测定

准确称取 2～3g 试样，置于 250mL 碘量瓶中，加入 30mL 三氯甲烷-冰乙酸混合液，使试样完全溶解。准确加入 1.00mL 饱和碘化钾溶液，塞紧瓶盖，并轻轻振摇 0.5min，在暗处放置 3min。取出加 100mL 水，摇匀后立即用硫代硫酸钠标准溶液（过氧化值估计值在 0.15g/100g 及以下时，用 0.002mol/L 标准溶液；过氧化值估计值大于 0.15g/100g 时，用 0.01mol/L 标准溶液）滴定析出的碘，滴定至淡黄色时，加 1mL 淀粉指示剂，继续滴定并强烈振摇至溶液蓝色消失为终点。用相同量三氯甲烷-冰乙酸溶液、碘化钾溶液、水，按同一方法，做试剂空白试验。

（五）皂化值的测定

1. 250mL 0.1mol/L HCl 溶液的配制

用量筒量取浓盐酸 2.1mL 加入 250mL 的纯水。

2. HCl 溶液的标定

准确称取 1.0～1.2g 无水 Na₂CO₃ 于小烧杯中溶解，定量转移入 250mL 容量瓶中，定容。用 25.00mL 移液管移取三份，分别置于三个锥形瓶中，加入 1～2 滴甲基橙，用 HCl 溶液滴至由黄色变为橙色。

3. 测定

在分析天平上称取脂肪 0.5g 左右，置于 250mL 烧瓶中，加入 0.1mol/L 氢氧化钾乙醇液 50mL。烧瓶上装冷凝管于沸水浴回流 30～60min，至瓶内的脂肪完全皂化（此时瓶内液体澄清，并无油珠出现，若乙醇被蒸发，可酌情补充适量 70%乙醇）。皂化完毕，冷至室温，加 1%酚酞指示剂 2 滴，以 0.1000mol/L HCl 液滴定剩余的碱（HCl 用量少可用微量滴定管），记录盐酸用量。另做一空白试验，除不加脂肪外，其余操作均同上，记录空白试验盐酸的用量。

五、数据记录与处理

1. 酸价结果计算

$$X = \frac{V \times c \times 56.11}{m}$$

式中 X——试样的酸价（以氢氧化钾计），mg/g；

  V——试样消耗氢氧化钾标准溶液体积，mL；

  c——氢氧化钾标准溶液实际浓度，mol/L；

  m——试样质量，g；

  56.11——氢氧化钾的摩尔质量，g/mol。

  计算结果保留两位有效数字。

2. 碘价结果计算

$$X = \frac{(V_2 - V_1) \times c \times 0.1269}{m} \times 100$$

式中 X——试样的碘价，g/100g；

  V_1——空白试剂消耗硫代硫酸钠的体积，mL；

  V_2——试样消耗的硫代硫酸钠标准溶液的体积，mL；

  c——硫代硫酸钠的实际浓度，mol/L；

  m——试样的质量，g；

  0.1269——与 1.00mL 硫代硫酸钠标准滴定溶液（c=1.000mol/L）相当的碘的质量，g。

3. 过氧化值结果计算

$$X = \frac{(V_2 - V_1) \times c \times 0.1269}{m} \times 100$$

式中 X——试样的过氧化值，g/100g；

  V_1——空白试剂消耗硫代硫酸钠的体积，mL；

  V_2——试样消耗的硫代硫酸钠标准溶液的体积，mL；

  c——硫代硫酸钠的实际浓度，mol/L；

  m——试样的质量，g；

  0.1269——与 1.00mL 硫代硫酸钠标准滴定溶液（c=1.000mol/L）相当的碘的质量，g。

  计算结果保留两位有效数字。

4. 皂化价结果计算

$$X = \frac{(V_2 - V_1) \times c \times 56.1}{m}$$

式中 X——皂化价，mg/g；

  V_1——空白试验消耗盐酸标准溶液之总体积，mL；

V_2——试样耗用盐酸标准溶液之体积，mL；

c——盐酸的浓度，mol/L；

m——试样质量，g；

56.1——1.0mol/L 盐酸标准液 1.00mL 相当于氢氧化钾的质量（g）数。

一般植物油的皂化价如下：棉籽油 189～198，花生油 188～195，大豆油 190～195，菜籽油 170～180，芝麻油 188～195，葵籽油 188～194，茶籽油 188～196。

精密度要求：在重复性条件下获得的两次独立测定结果的绝对差值不得超过算术平均值的 10%。

六、注意事项

1. 酸价测定时，加入乙醇可以使碱和游离脂肪酸的反应在均匀状态下进行，以防止反应生成的脂肪酸钾盐解离。用氢氧化钾-乙醇溶液滴定，终点更为清晰。

2. 酸价测定时，滴定所用氢氧化钾溶液的量应为乙醇量的 1/5，以免皂化水解，如过量则有浑浊沉淀，造成结果偏低。

3. 氢氧化钾遇水和水蒸气大量放热，形成腐蚀性溶液，具有强腐蚀性。操作人员在称取药品时需佩戴防护口罩、手套，配制时需在通风橱内进行。

4. 碘价测定时，用力振荡是滴定成功的关键之一，否则容易滴定过头或不足。如振荡不够，氯仿层呈现紫色或红色，此时要继续用力振荡使碘全部进入水层。此外，滴定完毕放置一段时间后，滴定液应变回蓝色，否则表示滴定过量。

5. 皂化价测定时，如果溶液颜色较深，终点观察不明显，可以改用 $\rho=10g/L$ 百里酚酞作指示剂。

6. 皂化时要防止乙醇从冷凝管口挥发，同时要注意滴定液的体积，酸标准溶液用量大于 15mL，要适当补加中性乙醇，加入量参照酸值测定。

课后参考
答案

七、思考题

1. 脂肪酸败的原因是什么？酸价测定时做空白试验的目的是什么？

2. 在碘价测定实验中，用 $Na_2S_2O_3$ 滴定析出的 I_2 时，何时加入淀粉指示剂？为什么？

3. 过氧化值测定时应注意的事项有哪些？

4. 什么是皂化价？它的测定有何意义？

实验 6　肉的新鲜度检验

一、实验目的

1. 通过感官检验，掌握我国颁布的《食品卫生法》规定的鲜猪肉、鲜牛肉、鲜羊肉、鲜兔肉的卫生标准。

2. 通过感官检验，掌握我国颁布的《食品卫生法》规定的鲜猪肉、鲜牛肉、鲜羊肉、鲜兔肉的卫生标准。

3. 掌握纳氏试剂测定氨的方法，判定肉品中氨的含量，为综合判定提供依据。

4. 了解如何通过硫酸铜沉淀法，判定肉的新鲜度。

二、实验原理

1. 肉新鲜度的感官检验

利用人的感官，如嗅觉、视觉、味觉、触觉，有时也利用听觉，进行检查。

2. pH 值测定

牲畜生前肌肉 pH 值为 7.1～7.2，屠宰后由于糖原酵解产生乳酸，ATP 分解产生磷酸，肉的 pH 值下降；而肉品腐败分解时，由于蛋白质分解为氨和有机胺类等碱性物质，肉 pH 值上升。因此 pH 值在一定程度上可以表示肉的新鲜度。

3. 粗氨的测定

肉品腐败时产生的氨和有机胺类称为粗氨，粗氨的含量随腐败程度的加深而增多，因此可用于判定肉的新鲜度。采用纳氏试剂法，即碘化汞和碘化钾的碱性溶液与粗氨反应生成淡红棕色胶态化合物，使肉浸液变成黄色，随着肉腐败分解程度的不同，肉浸中氨与铵盐的含量不同，黄色沉淀物产生的多少也不同。其反应如下：

$$NH_3 + 2HgI_2 + 4KI + 3KOH \longrightarrow Hg(OH)_2NH_2I\downarrow + 7KI + 2H_2O$$

　　　　　纳氏试剂　　　　　　　　　碘化二亚胺（黄色）

4. 球蛋白沉淀试验

肌肉中球蛋白在碱性环境中呈可溶状态，在酸性环境中呈不溶状态。新鲜肉呈酸性反应，故肉浸液中无球蛋白存在；而腐败时由于大量有机胺和氨的产生而呈碱性，故肉浸液中溶有球蛋白，且随腐败程度加重，其含量也增加。可采用 $CuSO_4$ 溶液作为试剂，使 Cu^{2+} 与被检肉浸液中球蛋白结合，形成沉淀来判定肉浸液中是否含有球蛋白，并以此来检验肉的新鲜度。

5. 硫化氢的测定

肉自溶和腐败时蛋白质分解可释放出 H₂S，因此测定 H₂S 的存在与否可判定肉品的新鲜程度。本实验根据 H₂S 在碱性环境中与醋酸铅发生反应生成黑色硫化铅的原理，观察硫化铅呈色的深浅，判断肉品的新鲜度。

6. 过氧化物酶反应

健康动物新鲜肉中含有过氧化物酶，而非新鲜肉过氧化物酶显著减少或缺乏。在肉浸液中加入过氧化物，肉浸液中若含有过氧化物酶则可以从过氧化物中裂解出氧使指示剂氧化而改变颜色。

7. 挥发性盐基氮的测定

挥发性盐基氮（TVBN）是指动物性食品在腐败过程中，由于细菌和酶作用，蛋白质分解而产生氨、有机胺等碱性含氮物质，与腐败过程中同时产生的有机酸类结合形成盐基态氮而存在于肉中，因其具有挥发性，故名挥发性盐基氮。肉品中 TVBN 的含量随着腐败变质程度的增加而增加，且与肉品腐败程度之间具有明确的对应关系，因此可用于衡量肉品的新鲜度。利用弱碱性试剂氧化镁使试样中碱性含氮物质游离而被蒸馏出来，用硼酸吸收，再用标准酸滴定，即可计算出含氮量。

三、试剂和仪器

1. 试剂

饱和升汞溶液（氯化汞：水=8：100）；纳氏试剂（称取 10g KOH 溶于 10mL 热蒸馏水中，加入 80mL 含 30g KOH 的碱溶液和 2～3mL 饱和升汞溶液，待溶液冷却后，用蒸馏水将其稀释至 200mL 即可。此溶液应装在棕色玻璃瓶内，放在阴凉处保存，使用时取其上清透明液）；醋酸铅碱性试纸（于 100g/L 醋酸铅溶液中加入浓度为 100g/L 的氢氧化钠溶液至沉淀析出，将滤纸条浸入数分钟后取出阴干，保存备用）；联苯胺乙醇溶液（2g/L）；酒石酸钾钠溶液（称取 50g 酒石酸钾钠溶于 100mL 水中，加热煮沸以除去氨，放冷，定容至 100mL）；1g/L 铵标准溶液制备（称取 3.819g 经 100℃干燥过的 NH₄Cl 溶于水中，移入 1000mL 容量瓶中）；10g/L 氧化镁混悬液（称取 1.0g 氧化镁，加 100mL 水，振摇成混悬液）；20g/L 硼酸吸收液（称取硼酸 2.0g，加 100mL 水溶解）；混合指示液（1g/L 次甲基蓝水指示剂与 2g/L 甲基红乙醇指示剂临用时等量混合即成）；CuSO₄ 溶液（100g/L）；醋酸铅溶液（100g/L）；氢氧化钠溶液（100g/L）；禽或畜的肉；氯化铵（s，AR）；碘化钾（s，AR）；氢氧化钾（s，AR）；过氧化氢溶液（AR）；硼酸（AR）等。

2. 仪器

分光光度计；酸度计；半微量定氮器；50.00mL 酸式滴定管；比色管；100μL 微量加样器；比色皿；移液管；具塞三角瓶；刀；剪刀。

四、实验内容

（一）肉新鲜度的感官检验

感官检验主要是观察肉品表面和切面的颜色，观察和触摸肉品表面和新切面的干燥、湿润及黏度，用手指按压肌肉判断肉品的弹性，嗅闻气味判断是否变质而发出氨味、酸味和臭味，观察煮沸后肉汤的清亮程度、脂肪滴的大小，以及嗅闻其气味，最后根据检验结果作出综合判定。

1. 外观和色泽的判定

在自然光下观察。注意肉的外部状态、色泽和有无干膜，留心有无血块、霉菌和蝇蛆的污染，并确定肉深层组织的状态和发黏的程度。

新鲜肉：外表具有淡玫瑰色或淡红色干膜，切面轻度湿润（不发黏），各种牲畜肉具有特有的色泽，肉质透明。

次鲜肉：外表覆有干枯的硬膜或黏液（触之粘手），有时覆有霉层，硬膜发黑。切面暗而湿润，轻度发黏，肉汁浑浊。

变质肉：外表很干硬或很湿润，发黏，覆有霉层，呈灰色或淡绿色，切面湿润、发黏，呈褐红色、灰色或淡绿色。

2. 弹性的判定

用手指压肉的表面，观察指压凹复平速度。

新鲜肉：富有弹性，结实紧密，指压凹很快复平。

次鲜肉：较差，指压凹慢慢地复平（在 1min 之内）。

变质肉：指压凹后往往不复平。

3. 气味的弹性判定

这是具有代表性的一项指标。首先判定肉的外部气味，再判定肉深部的气味，要特别注意骨骼周围肌层的气味，因为这些部位最早腐败。

新鲜肉具有各种牲畜所特有的气味。当肉腐败变质时，则失去正常的气味，并发出酸臭、霉臭或腐烂的臭味。

气味的判定宜在 15～20℃ 的温度下进行，较低温度下，气味不易挥发，判定有一定的困难。在检查大批量肉样时，为了不发生误判，要先检查腐败程度较轻的肉样。

为了比较全面确切地判定肉的气味，必要时，还要进行煮沸试验。

4. 筋腱状态的判定

触检关节部筋腱的状态。查其弹性、韧性和关节面的状态，判定关节囊液的透明度。

新鲜肉：筋腱富有弹性、坚韧，关节面光滑有光泽，囊内滑液透明。

次鲜肉：筋腱有些软化，呈无光泽的白色或淡灰色，关节面覆有黏液，滑液浑浊。

変質肉：筋腱湿润，呈污灰色，覆有黏液，关节面覆有很多黏液，滑液呈稀脓状。

5. 煮沸试验

向烧瓶中装入 20～30 块（每块约 2～3g 重）无可见脂肪的肉块，加水浸没，瓶口用玻璃盖盖上，将内容物加热至沸。待肉汤煮沸后，拿去玻璃盖，迅速判定蒸汽的气味。

进行本试验时要注意 2 个辅助指标——肉汤的透明度和肉汤表面浮游脂肪的状态：

新鲜肉的肉汤透明、芳香，具有令人愉快的气味，肉汤表面油滴大，脂肪气味和滋味正常；

次鲜肉的肉汤浑浊，无芳香，往往具有腐败的气味，肉汤表面油滴小，具油污气味；

变质肉的肉汤污秽而带有絮片，发出霉败、腐臭气味，肉汤表面几乎不见油滴，具酸败脂肪的气味。

（二）肉与肉制品的 pH 值测定

1. 肉浸液的制备

用剪刀自肉检样的不同部位取无筋腱、无脂肪的肌肉 10g，再剪成豆粒大小的碎块，并装入 300mL 的三角烧瓶中。取经过再次煮沸后冷却的蒸馏水 100mL，注入盛有碎肉的三角烧瓶中，浸渍 15min（每 5min 振荡一次）。将放在玻璃漏斗中的滤纸用蒸馏水浸湿，然后再将上述的肉浸液倒入漏斗中，把滤液倒入 200mL 量筒中，同时观察并记录前 5min 内获得的滤液量。

一般来说，肉越新鲜过滤速率越快，肉浸液越透明，色泽也正常。新鲜猪肉的肉浸液几乎无色透明或具有淡乳白色，牛、羊肉的肉浸液呈透明的麦秆黄色，马肉的浸液呈透明的粉红色。次鲜肉的浸液则微浑浊，变质肉的浸液呈灰粉红色，且浑浊。

2. pH 值的测定

酸度计以甘汞电极为参比电极，玻璃电极为指示电极组成原电池，测定 25℃下产生的电位差，电位差每改变 59.1mV，被检液中的 pH 值相应地改变 1 个单位，可直接从刻度表上读取 pH 值。测试前先将玻璃电极用蒸馏水浸泡 24h 以上，然后按说明书将玻璃电极、甘汞电极装好，接通电源，启动开关，预热 30min。用选定的 pH 缓冲溶液校正酸度计后，用蒸馏水冲洗电极，用脱脂棉吸干，然后将电极放入肉浸液中，1min 后读取 pH 值。

判定标准：①新鲜肉 pH 5.8～6.2；②次新鲜肉 pH 6.3～6.6；③变质肉 pH 6.7 以上。

（三）粗氨的测定

方法一：目视比色法。

1. 取小试管 2 支，在一支内加入肉浸液 1mL；另一支内加入煮沸两次已凉透的蒸馏水 1mL，作对照。

2. 用移液管吸取纳氏试剂，轮流向上述两试管内滴入，每滴一滴都要振荡，并观察比较两试管中溶液颜色的变化，各滴入 10 滴为止。

方法二：分光光度法。

1. 铵标准溶液的配制

移取 5.00mL 铵标准贮备液于 500mL 容量瓶中，用水稀释至刻度，此溶液每毫升含 0.010mg 氨氮，作为铵标准溶液。

2. 标准曲线的绘制

吸取 0、0.50、1.00、3.00、5.00、7.00 和 10.0mL 铵标准溶液于 50mL 比色管中，加水至刻度，加 1.0mL 酒石酸钾钠溶液，混匀。加 1.5mL 纳氏试剂，混匀。放置 10min 后，在波长 420nm 处，用 20mm 比色皿，以水为参比，测定吸光度。绘制标准曲线。

3. 肉浸液的测定

取适量的肉浸液（使氨氮含量不超过 0.1mg）于 50mL 比色管中，加水至刻度，加 1.0mL 酒石酸钾钠溶液，混匀。加 1.5mL 纳氏试剂，混匀。放置 10min 后，同标准曲线步骤测量吸光度。

（四）球蛋白沉淀试验

1. 10% $CuSO_4$ 溶液的配制

取硫酸铜 10g 溶于 100mL 蒸馏水中，即制成 10% $CuSO_4$ 溶液。

2. 球蛋白沉淀试验

取小试管 2 支，一支注入肉浸液 2mL，另一支注入蒸馏水 2mL，作为对照。用移液管吸取 10% $CuSO_4$ 溶液，向上述两试管中各滴入 5 滴，充分振荡后观察。

判定标准：①新鲜肉液体呈紫蓝色，并完全透明。②次鲜肉液体呈微弱或轻度浑浊，有时有少量悬浮物。③变质肉液体浑浊，有白色沉淀。

（五）硫化氢的测定

取约 20g 肉样，剪成米粒大小，置 100mL 具塞瓶中，向瓶中挂醋酸铅碱性试纸一张（或使用前用醋酸铅将滤纸浸湿），使其下端接近但不触及肉表面，另一端固定于瓶口，塞紧瓶塞，静置 15min 后观察滤纸条颜色变化。

判定标准：①新鲜肉滤纸条无变化。②次鲜肉滤纸条边缘变成淡褐色。③腐败肉滤纸条的下部变为暗褐色或褐色。

（六）过氧化物酶反应（试剂法）

1. 1%过氧化氢溶液的配制

取 1 份 30%过氧化氢溶液与 29 份水混合即成，临用时配制。

2. 过氧化物酶反应

① 取小试管 2 支，一支加入肉浸液 2mL，另一支加入蒸馏水 2mL，作为对照。

② 用移液管吸取联苯胺乙醇溶液，向每个试管中各滴入 5 滴，充分振荡。

③ 用移液管吸取 1%新配的 H₂O₂ 溶液，向上述各管分别滴加 2 滴，稍加振荡，立即仔细观察，记录在 3min 内颜色变化的速度与程度。

判定标准：①健康牲畜的新鲜肉肉浸液在 30～90s 内呈蓝绿色（以后变成褐色）为阳性反应，说明肉中有过氧化物酶。②次鲜肉和变质肉肉浸液在 2～3min 内仅呈现淡青棕色或完全无变化，为阴性反应，说明肉中无过氧化物酶。③如果感官检查无变化，过氧化物酶反应呈阴性，而 pH 值又在 6.5～6.6 之间的，说明肉来自病畜或过劳和衰弱的牲畜。需做进一步的细菌学检查，检查是否有沙门菌、炭疽杆菌等。

（七）挥发性盐基氮的测定（半微量定氮法）

1. 0.1mol/L 盐酸标准溶液的配制和标定

移取 2.10mL 浓盐酸，用水稀释至 250mL，装入试剂瓶中，摇匀，贴上标签，备用。

准确称取 1.0～1.2g 无水碳酸钠置于小烧杯中，用少量水溶解后，定量转移至 250mL 容量瓶中。准确移取 25.00mL 无水碳酸钠标准溶液于锥形瓶中，加入 2～3 滴甲基橙，用盐酸标准溶液滴定至溶液由黄色变为橙色，即为终点。平行标定三份，计算盐酸标准溶液的浓度。

2. 0.01mol/L 盐酸标准溶液的配制

准确移取 25.00mL 0.10mol/L 盐酸标准溶液于 250mL 容量瓶中，用水定容至刻度，摇匀，备用。

3. 挥发性盐基氮的测定

将盛有 10mL 硼酸吸收液及 5～6 滴混合指示液的锥形瓶置于冷凝管下端，并使其下端插入吸收液的液面下。精确吸取 5.0mL 上述肉浸液，小心地从小烧杯处加入蒸馏器反应室内，加 5mL 氧化镁混悬液（10g/L），迅速盖塞，并加少量水于小烧杯中进行封闭以防漏气。接通电源，加热蒸汽发生器，沸腾后立即关闭螺旋夹开始蒸馏。当冷凝管出现第一滴冷凝水时，迅速将冷凝管下端插入锥形瓶内硼酸的液面下，蒸馏 5min。移动接收瓶，使硼酸液面离开冷凝管下口约 1cm，并用少量水冲洗冷凝管口外面，继续蒸馏 1min。先移开接收瓶，用表面皿覆盖瓶口，然后关闭电源。用盐酸标准溶液（0.01mol/L）滴定，吸收液由绿色或草绿色变为蓝紫色即为滴定终点。同时用水作试剂空白对照。

每个试样取两个平行样进行测定，以其算术平均值为结果。允许相对偏差为 5%。

五、数据记录与处理

1. 根据下式计算粗氨的含量：

$$氨氮(N，mg/L) = \frac{m}{V} \times 1000$$

式中　m——由标准曲线查得的氨氮量，mg；
　　　V——肉浸液体积，mL。

2. 根据下式计算挥发性盐基氮的含量：

$$X = \frac{(V_1 - V_2) \times c \times 14 \times 100}{m \times \frac{5}{100}}$$

式中　X——挥发性盐基氮的含量，mg/100g；

V_1——样品消耗的盐酸标准溶液体积，mL；

V_2——空白试验消耗的盐酸标准溶液体积，mL；

c——盐酸标准溶液的浓度，mol/L；

m——样品的质量，g；

14——1.00mL 盐酸标准溶液 1mL 相当于氮的质量（mg）数。

判定标准：我国食品卫生标准中规定各种畜禽肉新鲜度判定指标为新鲜肉 TVBN 含量≤15mg/100g。

六、注意事项

1. pH 值测定注意事项

（1）甘汞电极中的氯化钾溶液应经常保持饱和，且在弯管内不应有气泡，否则将使溶液隔断。

（2）甘汞电极的下端毛细管与玻璃电极之间形成通路，因此在使用前必须检查毛细管并保证其畅通，检查方法是：先将毛细管擦干，然后用滤纸贴在毛细管末端，如有溶液下，则证明毛细管未堵塞。

（3）使用甘汞电极时，要把加氯化钾溶液处的小橡皮塞拔去，以使毛细管保持足够的压差，从而有少量氯化钾溶液从毛细管中流出，否则样品试液进入毛细管，将使测定结果不准确。

（4）新的玻璃电极在使用前，必须在蒸馏水中或 0.1mol/L 盐酸中浸泡一昼夜以上，不用时最好也浸泡在蒸馏水中。

2. 粗氨的测定注意事项

（1）纳氏试剂中碘化汞与碘化钾的比例，对显色反应的灵敏度有较大影响。静置后生成的沉淀应除去。

（2）滤纸中常含痕量铵盐，使用时注意用无氨水洗涤。所用玻璃器皿应避免实验室空气中氨的污染。

3. 挥发性盐基氮的测定注意事项

（1）蒸馏时，蒸汽发生要均匀充足，蒸馏中途不得停火断气，否则易发生倒吸。

（2）加碱要足量（反应室液体呈深蓝色或褐色）并且碱液不能污染冷凝管及接收瓶。

（3）蒸馏水应保持酸性，防止水中的游离氨被蒸出而使结果偏高。

（4）蒸馏是否完全，可用精密 pH 试纸测试冷凝管出口的冷凝液是否呈碱性来确定。

七、思考题

挥发性盐基氮的测定时，为什么不用氢氧化钠进行蒸馏？

课后参考

答案

实验 7　洗衣粉中螯合剂和活性氧含量的测定

一、实验目的

1. 熟悉螯合剂 EDTA 和活性氧在洗衣粉中的作用。
2. 掌握洗衣粉中 EDTA 含量的测定原理和方法。
3. 掌握洗衣粉中活性氧含量的测定原理和方法。
4. 熟练掌握滴定操作、称量操作、移液操作和容量瓶的使用。

二、实验原理

螯合剂 EDTA 测定是将样品溶液用盐酸溶液调节 pH 至 4.6 左右，以 1-(2-吡啶偶氮)-2-萘酚作指示剂，用硫酸铜标准溶液滴定所含螯合剂，以相当的乙二胺四乙酸（EDTA）或其钠盐计算试样中螯合剂的含量。

洗衣粉中活性氧主要以过硼酸钠和过氧化钠的形式存在。它们遇水释放出过氧化氢。利用过氧化氢和高锰酸钾在酸性溶液中发生氧化还原反应，可实现对洗衣粉中活性氧含量的测定。

三、试剂和仪器

1. 试剂

含铋和锰的硫酸溶液（溶解 2.0g 硝酸铋五水合物和 4.0g 硫酸锰一水合物于 1000mL 5mol/L 硫酸溶液，摇匀）；乙酸盐缓冲溶液（pH=4.65，混合等体积 0.4mol/L 乙酸溶液和 0.2mol/L 氢氧化钠溶液）；1-(2-吡啶偶氮)-2-萘酚（PAN，1g/L 乙醇溶液）；0.0100mol/L 硫酸铜标准溶液（使用之前须标定）；3mol/L 硫酸；高锰酸钾；草酸钠；硫酸铝十八水合物；洗衣粉；盐酸（5mol/L）等。

2. 仪器

pH 计；微量滴定管；量筒；锥形瓶；烧杯；容量瓶；电子分析天平；称量瓶；移液管；电子台秤；酸式滴定管；电热套；棕色试剂瓶；吸量管；机械搅拌器。

四、实验内容

（一）螯合剂 EDTA 的测定

1. 试验溶液的制备

称取约 10g 试样，称准至 0.001g，置于 250mL 烧杯中，用水溶解并定量转移至 500mL 容量瓶中，稀释至刻度，充分混匀。

如果产品组成中螯合剂含量低于 0.1%时，可以省略上述稀释步骤。直接称取试样 5g，称准至 0.001g，于 150mL 烧杯中，进行测定。

2. 测定

吸取含有 0.003～0.005g EDTA 的试验溶液（滴定消耗的硫酸铜标准溶液体积应在 0.80～1.40mL）到 150mL 烧杯中，加水至 80mL，置磁力搅拌器上。插入已预先校准的 pH 计的电极，在搅拌下加 5mol/L 的盐酸溶液调整 pH 至 4.6±0.5。将电极抬起，冲洗后移开。

加入 5mL 乙酸盐缓冲溶液，加水至 130mL。加热溶液至约 60℃。加 5～6 滴 PAN 指示剂，在搅拌下从微量滴定管滴加硫酸铜标准溶液，滴定至溶液由黄色变红色，并保持 1min 不变时，即为终点。

（二）活性氧的测定

1. 0.02mol/L KMnO₄ 标准溶液的配制

用台秤称取 KMnO₄ 1.6g 置于烧杯中，加入 50～100mL 蒸馏水，用玻璃棒搅拌溶解后稀释至 500mL。将配好的 KMnO₄ 溶液加热并保持微沸 1h，冷却，转入玻璃塞试剂瓶，放置 2～3 天，使溶液中的还原性杂质被完全氧化。过滤，将过滤的 KMnO₄ 溶液贮存于棕色试剂瓶中，放入暗处，以待标定。

2. 0.02mol/L KMnO₄ 标准溶液的标定

准确称取 0.13～0.15g Na₂C₂O₄ 三份，分别置于 250mL 锥形瓶中，加 40mL 水及 10mL 3mol/L H₂SO₄，待 Na₂C₂O₄ 溶解后，加热至 70～80℃，用待标定的 KMnO₄ 溶液滴定，滴定至溶液呈微红色，30s 不褪色，即为终点。在整个滴定过程中，溶液温度不低于 60℃。计算出 KMnO₄ 的准确浓度。

3. 洗衣粉中活性氧含量的测定

称取约 10g 样品（称准至 0.001g）的试验份于 2000mL 烧杯中，向 1000mL 的容量瓶充注 35～40℃的水至刻度并加至试验份中，排尽需几秒钟。用搅拌器激烈搅拌 3min 使溶解，可能存在少量不溶性硅酸盐等，可不除去（标记为溶液 A）。

溶解操作时，将 50mL 含铋和锰的硫酸溶液置于锥形瓶中，并在不停摇动下，逐滴加入高锰酸钾标准溶液，直到出现不褪的淡粉红色。

用移液管移取 100mL 溶液 A 至锥形瓶。用高锰酸钾标准溶液滴定至淡粉红色，至少 15s 不褪色。平行测定三份。

五、数据记录与处理

（一）螯合剂 EDTA 含量的计算

（1）试样中螯合剂以乙二胺四乙酸二钠二水合物的含量来表示。

$$w = \frac{cV \times 372 \times 500 \times 10^{-3}}{mV_0} \times 100\%$$

（2）试样中螯合剂以乙二胺四乙酸的含量来表示。

$$w = \frac{cV \times 292 \times 500 \times 10^{-3}}{mV_0} \times 100\%$$

式中　c——硫酸铜标准溶液的浓度，mol/L；

$\quad\quad V$——滴定所消耗的硫酸铜标准溶液的体积，mL；

$\quad\quad V_0$——用于测定的试验溶液的体积，mL；

$\quad\quad m$——试样的质量，g。

（二）活性氧含量的计算

记录数据，进行高锰酸钾标准溶液浓度和洗衣粉中活性氧含量计算并列表表示。

$$w = \frac{cV \times 8}{m} \times 100\%$$

式中　V——测定耗用高锰酸钾标准溶液的体积，mL；

$\quad\quad c$——所用高锰酸钾标准溶液的准确浓度，mol/L；

$\quad\quad m$——试验份的质量，g。

六、注意事项

1. 测定洗衣粉螯合剂时，在试验溶液制备的过程中，如溶液中有沉淀或悬浮物，将溶液通过干的快速定性滤纸过滤，弃去前 20mL，收集清液供测定用。如此操作，可排除存在的 4A 沸石对螯合剂测定的干扰。

2. 测定活性氧时，在试样溶解后应尽快测定。

3. 测定活性氧时，加入硫酸锰可以避免某些洗衣粉可能存在的相对长的诱导期，硝酸铋能与 EDTA 或其他乙酸胺类的络合剂相络合，因此排除了干扰。

4. 测定活性氧时，洗衣粉中活性氧含量测定步骤的终点若不明显，可以加 1g 硫酸铝。

课后参考
答案

七、思考题

1. 测定 EDTA 还有其他方法吗？举例说明。
2. 何谓活性氧？它在洗衣粉中起何作用？

实验 8　铝合金中铝、锌和镁含量的测定

一、实验目的

1. 掌握铝合金样品的不同处理方法。
2. 掌握铝合金中铝、锌和镁含量的测定原理和方法。
3. 进一步掌握分光光度计和原子吸收分光光度计的工作原理和使用方法。

二、实验原理

（一）铝的测定

试样用氢氧化钠和盐酸、过氧化氢加热分解，调节溶液的 pH 为 3.5 左右，加入过量的 EDTA 煮沸，使 Al^{3+} 与过量的 EDTA 完全反应，冷却后再用六亚甲基四胺溶液调节溶液的 pH 为 5～6，以二甲酚橙为指示剂，用 Zn^{2+} 标准溶液滴定到溶液的颜色由黄色变为紫红色。然后加入适量的氟化铵，摇匀，加热至微沸，取下用流水冷却，再补加 2～3 滴二甲酚橙，此时溶液应为黄色。若为红色，应滴加 1∶5 盐酸使溶液呈黄色。再用 Zn^{2+} 标准溶液滴定，当溶液由黄色变为紫红色时，即为终点。根据消耗的 Zn^{2+} 标准溶液的体积，计算试样中铝的质量分数。

（二）锌含量的测定

显色剂 PAN 与锌在 pH=8～10 的氨性溶液中反应生成不溶于水的紫红色络合物，在溶液中加入非离子表面活性剂 Triton X-100，使 PAN-Zn 络合物呈水溶性。可在 555nm 处测定吸光度，测定试样中的锌。

（三）镁含量的测定

在使用锐线光源条件下，基态原子蒸气对共振线的吸收，符合朗伯-比尔定律，即

$$A=\lg(I_0/I)=KLN_0$$

在试样原子化时，火焰温度低于 3000K 时，对大多数元素来讲，原子蒸气在基态原子的数目实际上十分接近原子总数。在一定实验条件下，待测元素的原子总数目与该元素在试样中的浓度成正比。则：

$$A=kc$$

用 A-c 标准曲线或标准加入法，可以求算出元素的含量。

采用标准曲线法时，需配制一系列待测元素的标准溶液，分别测出它们的吸光度 A，以

A 对 c 作图，经线性回归得到标准曲线。在与测量标准曲线相同的分析条件下，测出待测试液的吸光度 A_x，由 A_x 在标准曲线下查得待测元素的浓度 c_x。

三、试剂和仪器

1. 试剂

200g/L 氟化铵水溶液；2g/L 二甲酚橙水溶液；20%六亚甲基四胺溶液；1：1 HCl；1：1 氨水；EDTA（s，AR）；NaOH（s，AR）；$ZnSO_4 \cdot 7H_2O$（s，AR）；铝合金试样；50g/L 柠檬酸钠水溶液；50g/L 六偏磷酸钠水溶液；200g/L 磺基水杨酸水溶液；200g/L Triton X-100 水溶液；1g/L PAN 乙醇溶液；1：3 HCl；1：5 HCl；0.02mol/L EDTA 溶液；2% NaOH 溶液；1：2 三乙醇胺；1：2 HCl；MgO（s，GR）；HCl（密度 1.19g/mL，AR）；NaOH（s，AR）；双氧水（质量分数约为 30%的水溶液）；盐酸硝酸混合酸（在 500mL 水中加盐酸 400mL、硝酸 100mL，混匀）；1.0mg/mL 锌标准贮备液（准确称取 2.1987g $ZnSO_4 \cdot 7H_2O$ 于小烧杯中，加少量水溶解，全部转移到 500mL 容量瓶中，用水定容到刻度，摇匀）；pH=9.2 缓冲溶液（称取 54g 氯化铵溶于水中，加浓氨水 63mL 溶解后，用水稀释到 500mL）；1.0g/L 镁标准贮备液（准确称取 1.0000g 金属镁或 800℃灼烧至恒重的氧化镁 1.6583g 于 100mL 烧杯中，加入 20mL 水，慢慢加入 20mL 盐酸，待溶解完全后加热煮沸，冷却，移入 1000mL 容量瓶中，用水稀释到刻度，摇匀）；50mg/L 镁标准使用液（准确移取 1.0g/L 镁标准贮备液 25.00mL 于 500mL 容量瓶中，用水稀释到刻度，摇匀）等。

2. 仪器

250mL 塑料烧杯；100mL 量筒；50mL 酸式滴定管；250mL 锥形瓶；200mL 和 400mL 烧杯；50mL、100mL 和 250mL 容量瓶；电子台秤；称量瓶；0.5mL、1mL、2mL、5mL、10mL 和 25mL 移液管；电热套；1000mL 试剂瓶；分光光度计；比色皿；电热套；电热干燥箱；Z-2000 型原子吸收分光光度计；镁空心阴极灯；空气压缩机；乙炔钢瓶；电子分析天平。

四、实验内容

（一）铝含量的测定

1. 300mL 0.020mol/L EDTA 溶液的配制

称取 2.4g EDTA 溶于 300mL 水中，混匀，装入试剂瓶中。

2. 0.020mol/L Zn^{2+} 标准溶液的配制

准确称取七水硫酸锌 1.4～1.5g 于 250mL 烧杯中，加 100mL 水使其溶解后，定量转移至 250mL 容量瓶中，用水稀释至刻度，摇匀，计算其准确浓度。

3. 铝合金样品的处理

准确称取 0.13～0.16g 铝合金于 200mL 塑料烧杯中，加入 2.0g 氢氧化钠和 10mL 水，摇匀，在沸水浴中加热使其完全溶解，稍冷后在摇动下滴加 1：1 盐酸至有大量絮状沉淀产生，再多加 10mL 1：1 盐酸，将其定量转移至 250mL 容量瓶中，用水稀释至刻度，摇匀。

4. 样品的测定

移取上述样品的处理液 25.00mL 于 250mL 锥形瓶中，加入 50mL 0.020mol/L EDTA 溶液、2～3 滴二甲酚橙，此时溶液呈黄色，滴加 1：1 氨水至溶液呈紫红色，再滴加 1：5 盐酸使溶液呈黄色，并过量 5 滴。煮沸 3 分钟，流水冷却，加入 2.0mL 1：5 盐酸和 20mL 六亚甲基四胺。用 Zn^{2+} 标准溶液滴定，当溶液由黄色变为紫红色，停止滴定，不计体积。再加入 2.0g 氟化铵，摇匀，加热至微沸，取下流水冷却，再补加 2～3 滴二甲酚橙，此时溶液应为黄色。若为红色，应滴加 1：5 盐酸使溶液呈黄色。再用 Zn^{2+} 标准溶液滴定，当溶液由黄色变为紫红色时，即为终点。根据消耗的 Zn^{2+} 标准溶液的体积，计算试样中铝的质量分数。

（二）锌含量的测定

1. 100μg/mL 锌标准溶液的配制

准确移取锌标准储备液（1.0mg/mL）10.00mL 于 100mL 容量瓶中，用水定容到刻度，摇匀。

2. 10μg/mL 锌标准溶液的配制

准确移取 100μg/mL 锌标准溶液 10.00mL 于 100mL 容量瓶中，用水定容到刻度，摇匀。

3. 样品的测定

准确称取铝合金 0.10～0.12g 于 100mL 烧杯中，加 1：1HCl 5.0mL，加热溶解，待反应停止后加热至沸，冷却后用水定容至 100mL 容量瓶中。样品液干过滤于干燥的烧杯中，吸取滤液 10.00mL 于 50mL 容量瓶中，加柠檬酸钠溶液 1.0mL、磺基水杨酸溶液 5.0mL，用 1：1 氨水、1：3 HCl 调节溶液的 pH 为 6～8（用 pH 试纸检验），然后加入缓冲溶液 5.0mL、Triton X-100 溶液 2.00mL，摇匀。加入 PAN 溶液 2.0mL，加水至刻度，摇匀。用 1cm 比色皿，在 555nm 波长处测吸光度，在标准曲线上查得试样的锌含量。

在 6 只 50mL 的容量瓶中，依次加入 10μg/mL 锌标准溶液 0.00、1.00、3.00、5.00、7.00、9.00mL，各稀释至约 10mL，以下操作与试液操作相同。用同样厚度的比色皿，测得各吸光度并绘制标准曲线。

（三）镁含量的测定

1. 工作条件的设置

吸收线波长为 Mg 285.2nm，空心阴极灯电流为 7.5mA，狭缝宽度为 1.3nm，原子化器高度为 7.5mm，空气流量为 15L/min，空气压力为 160kPa，乙炔流量为 2.2L/min。

2. 标准溶液的配制

准确移取 5mg/L 镁标准使用液 0.10、0.20、0.30、0.40、0.50mL 分别于 50mL 容量瓶中，用二次蒸馏水稀释至刻度，摇匀，即得 0.10、0.20、0.30、0.40 和 0.50mg/L 镁系列标准溶液。

3. 样品的处理及样品溶液的配制

准确称取铝合金样品 0.1g 左右于小烧杯中，加 NaOH 固体 2.0g 及水 20mL，作用完毕后加热并滴定双氧水数次，使试样溶解完全。加入 1：2 三乙醇胺溶液 10mL 煮沸，加 0.02mol/L 的 EDTA 溶液 5.0mL 和 20mL 水，继续煮沸 2min，取下，冷却后过滤，用 2% NaOH 溶液洗涤沉淀 4~5 次，弃去滤液。用少量 1：2 热盐酸溶液溶解沉淀并盛接于 100mL 容量瓶，再用热水洗净滤纸，洗涤液也全部转移到 100mL 容量瓶中，用水定容到刻度，摇匀得到样品液。

取上述样品液 5.00mL 于 50mL 容量瓶中，用二次蒸馏水稀释至刻度，摇匀即得样品测定液。

4. 吸光度的测定

在最佳工作条件下，以二次蒸馏水为空白，由稀至浓逐个测量镁系列标准溶液的吸光度，最后测定样品的吸光度 A。

5. 关机

实验结束后，用蒸馏水中喷洗原子化系统 2min，按关机程序关机。最后关闭乙炔钢瓶阀门，旋松乙炔稳压阀，关闭空压机和通风机电源。

五、数据记录与处理

（一）铝含量的测定

准确记录数据，根据称样量、Zn^{2+} 标准溶液滴定的体积和浓度，进行试样中铝的质量分数、相对平均偏差的计算并列表表示。

（二）锌含量的测定

准确记录各吸光度数据，进行铝合金中锌含量的计算并列表表示。

（三）镁含量的测定

准确记录铝合金样品质量和各吸光度数据，绘制镁的 A-c 标准曲线，由未知样的吸光度 A_x，求算出铝合金样品中镁含量（mg/g）。或将数据输入微机，按一元线性回归计算程序计算镁的含量。

六、注意事项

1. 铝含量测定时，试样处理时若有黑色碳化物颗粒，则滴加 300g/L 双氧水破坏。

2. 铝含量测定时，将含有六亚甲基四胺的溶液加热时，由于六亚甲基四胺的部分水解，溶液 pH 升高，致使二甲酚橙显红色，此时应补加盐酸使溶液呈黄色后，再进行滴定。

3. 铝含量测定时，由于氟化铵会腐蚀玻璃，实验完毕应尽快弃去废液，清洗仪器。

4. 锌含量测定时，PAN 显色，溶液的 pH 是关键，一定要一致。

5. 锌含量测定时，试样经处理后，在开始测定前，需先将溶液的初始 pH 值精准调节至 6～8。若初始 pH 值超出此范围，后续加入缓冲溶液时，将难以将 pH 值精准控制并稳定在所需的固定值。

6. 镁含量测定时，乙炔为易燃易爆气体，必须严格按照操作步骤工作。在点燃乙炔火焰之前，应先开空气，后开乙炔气，结束或暂停实验时，应先关乙炔气，后关空气。乙炔钢瓶的工作压力一定要控制在所规定范围内，不得超压工作。必须切记，保障安全。

7. 镁含量测定时，仪器总电源关闭后，若需立即开机使用，应在断电后停机 5min 再开机，否则会损坏仪器。

七、思考题

课后参考
答案

1. 为什么测定简单试样中的铝用返滴定法即可，而测定复杂试样中的铝则需采用置换滴定法？

2. 用返滴定法测定简单试样中的铝时，所加入过量 EDTA 溶液的浓度是否必须准确？为什么？

3. 锌含量测定时，加 Triton X-100 的作用是什么？

4. 锌含量测定时，本法的线性范围是多少？对于高含量锌应如何处理？

5. 原子吸收分光光度计测定镁含量时，为什么空气、乙炔流量会影响吸光度的大小？

6. 原子吸收分光光度计测定镁含量时，为什么要配制镁标准使用溶液？所配制的镁系列标准溶液可以放到第二天再继续使用吗？为什么？

| 第六章 | 创新设计实验

实验 1　水中可溶性硅酸的测定

一、实验目的

1. 掌握水中硅酸的测定原理和方法。
2. 掌握移液操作和容量瓶的使用。
3. 熟悉 722 型分光度计的使用和注意事项。

二、实验原理

在酸性溶液中（pH=1.2）钼酸铵与水样中可溶性硅酸作用生成柠檬黄色硅钼酸络合物，通过在 440nm 最大吸收处测量吸光度 A，利用标准工作曲线法定量。

三、试剂和仪器

1. 试剂

硅酸钠（s，AR）；1∶1 HCl 100g/L；钼酸铵溶液（称取 100g 分析纯钼酸铵溶于纯水中，稀释至 1000mL 贮于聚乙烯塑料瓶中）；浓盐酸（密度 1.19g/mL，AR）等。

2. 仪器

分光光度计；1cm 比色皿；100mL 烧杯；50mL 和 100mL 容量瓶；电子分析天平；称量瓶；5mL、10mL 和 20mL 吸量管；烘箱；擦镜纸；滤纸条。

四、实验方案设计

依据实验原理及现有仪器，设计实验方案、实验步骤，并对实验结果进行处理，得出结论。

实验 2　水中化学需氧量的测定——重铬酸钾法

一、实验目的

1. 掌握化学需氧量的测定原理和方法。
2. 掌握硫酸亚铁铵标准溶液的配制、标定原理和方法。
3. 掌握重铬酸钾标准溶液的配制。
4. 熟练掌握滴定操作、称量操作、移液操作和容量瓶的使用以及加热回流操作。

二、实验原理

化学需氧量是表征水中还原性物质（主要是有机物）的一个指标，它可以反映水体被有机物污染的状况。其测定原理是在强酸性溶液中，准确加入过量的氧化剂重铬酸钾标准溶液，加热回流，将水样中还原性物质（主要是有机物）氧化，过量的重铬酸钾以邻二氮菲（phen）亚铁配离子（试亚铁灵）为指示剂，用硫酸亚铁铵标准溶液回滴，根据消耗的重铬酸钾标准溶液计算出水样中的化学需氧量。有关反应如下：

$$水中还原性物质 + K_2Cr_2O_7 + H_2SO_4 \longrightarrow CO_2\uparrow + \cdots + Cr^{3+}$$

$$Cr_2O_7^{2-} + 6Fe^{2+} + 14H^+ =\!=\!= 2Cr^{3+} + 6Fe^{3+} + 7H_2O$$

$$Fe^{2+} + 3phen \longrightarrow [Fe(phen)_3]^{2+}（试亚铁灵）$$

水样中的化学需氧量计算公式如下：

$$COD_{Cr}（O_2，mg/L）= [(V_0 - V_1)\, c \times 32 \div 4 \times 1000] \div V$$

式中　c——硫酸亚铁铵标准溶液的浓度，mol/L；

V_0——滴定空白时硫酸亚铁铵标准溶液的用量，mL；

V_1——滴定水样时硫酸亚铁铵标准溶液的用量，mL；

V——水样的体积，mL。

三、试剂和仪器

1. 试剂

试亚铁灵指示液（称取 1.485g 邻二氮菲和 0.695g 硫酸亚铁溶于水中，稀释至 100mL，贮于棕色瓶中）；硫酸-硫酸银溶液（于 500mL 浓硫酸中加入 5g 硫酸银，放置 1～2 天，不时摇动使其溶解）；重铬酸钾（s，AR）；硫酸亚铁铵（s，AR）；沸石；浓硫酸（密度 1.84g/mL，AR）；硫酸汞（s，AR）。

2. 仪器

50mL 酸式滴定管；250mL 锥形瓶；200mL 烧杯；100mL 容量瓶；电子分析天平；称量瓶；250mL 全玻璃回流装置；电热套；10mL 和 20mL 移液管；电烘箱；电子台秤；25mL 和 50mL 量筒。

四、实验方案设计

依据实验原理及现有仪器，设计实验方案、实验步骤，并对实验结果进行处理，得出结论。

实验 3　食品中蛋白质含量的测定

一、实验目的

1. 巩固凯氏定氮法测定蛋白质的原理。
2. 掌握凯氏定氮法的操作技术，包括样品的消化处理、蒸馏、滴定及蛋白质含量的计算。

二、实验原理

1. 消解

蛋白质是含氮的化合物。食品与浓硫酸和催化剂共同加热消化，使蛋白质分解，产生的氨与硫酸结合生成硫酸铵，留在消化液中：

$$NH_2(CH_2)_2COOH+13H_2SO_4=\!\!=\!\!=(NH_4)_2SO_4+6CO_2+12SO_2+16H_2O$$

2. 碱化蒸馏

在消解完全的样品溶液中加入过量的浓氢氧化钠溶液使溶液呈碱性，加热蒸馏而放出氨气：

$$2NaOH+(NH_4)_2SO_4\overset{\triangle}{=\!\!=\!\!=}Na_2SO_4+2NH_3\uparrow+2H_2O$$

3. 吸收与滴定

将加热蒸馏释放出来的氨利用硼酸溶液进行吸收，因硼酸属于弱酸，其后再用盐酸进行滴定：

$$2NH_3+4H_3BO_3=\!\!=\!\!=(NH_4)_2B_4O_7+H_2O$$
$$(NH_4)_2B_4O_7+5H_2O+2HCl=\!\!=\!\!=2NH_3Cl+4H_3BO_3$$

因为食品中除蛋白质外，还含有其他含氮物质，所以此法测得的蛋白质含量称为粗蛋白含量。

三、试剂和仪器

1. 试剂

硫酸铜（s，AR）；硫酸钾（s，AR）；浓硫酸（密度 1.84g/mL，AR）；无水碳酸钠（s，AR）；浓盐酸（密度 1.19g/mL，AR）；硼酸溶液（20g/L）；氢氧化钠溶液（400g/L）；0.1%甲基红乙醇溶液；1.0g/L 甲基橙水溶液；混合指示剂（0.1%甲基红乙醇溶液 1 份+0.1%溴甲酚绿乙醇溶液 5 份，临用时混合）；黄豆粉。

2. 仪器

凯氏定氮仪；50.00mL 酸式滴定管；250mL 锥形瓶；10.00mL 吸量管；25.00mL 移液管；100mL 凯氏烧瓶；100mL 容量瓶；250mL 容量瓶；可调式电炉；沸石。

四、实验方案设计

依据实验原理及现有仪器，设计实验方案、实验步骤，并对实验结果进行处理，得出结论。

实验 4　食品中抗坏血酸含量的测定

一、实验目的

1. 巩固直接碘量法测定食品中抗坏血酸的原理和方法。
2. 掌握滴定操作、移液操作和容量瓶、分析天平的使用。

二、实验原理

抗坏血酸具有还原性，可被碘定量氧化，因而可用碘标准溶液直接滴定，其滴定反应式为：

$$C_6H_8O_6+I_2 = C_6H_6O_6+2HI$$

由于抗坏血酸的还原性很强，较易被溶液和空气中的氧氧化，在碱性介质中这种氧化作用更强，因此滴定宜在酸性介质中进行，以减少副反应的发生，考虑碘离子在强酸性溶液中也易被氧化，故一般选择在 pH 3～4 的弱酸性溶液中进行滴定。

三、试剂和仪器

1. 试剂

重铬酸钾（s，AR）；碘化钾（s，AR）；碘（s，AR）；无水碳酸钠；五水硫代硫酸钠（s，AR）；5g/L 淀粉指示剂；猕猴桃。

2. 仪器

10.00mL 吸量管；25.00mL 移液管；100mL 容量瓶；50.00mL 酸式滴定管；10mL 量筒；分析天平；粉碎机。

四、实验方案设计

依据实验原理及现有仪器，设计实验方案、实验步骤，并对实验结果进行处理，得出结论。

实验 5　食品中防腐添加剂苯甲酸的测定

一、实验目的

1. 掌握测定苯甲酸方法的基本原理。
2. 掌握测定苯甲酸的方法要点。
3. 学会苯甲酸测定时样品预处理的方法。

二、实验原理

将样品酸化后进行蒸馏，苯甲酸随蒸汽馏出，收集馏出的馏分，加入强氧化剂将馏出液中除苯甲酸以外的其他有机物完全氧化分解，再次蒸馏，并用碱吸收得苯甲酸钠。

苯甲酸（钠）在 225nm 处有最大吸收，可在 225nm 波长处测定标准溶液及样品溶液的吸光度，绘制标准曲线法，求出样品中苯甲酸的含量。

三、试剂和仪器

1. 试剂

100mg/L 苯甲酸标准溶液；0.03333mol/L $K_2Cr_2O_7$ 溶液；无水硫酸钠（s，AR）；2mol/L H_2SO_4 溶液；85%浓磷酸；0.1mol/L NaOH 溶液。

2. 仪器

紫外-可见分光光度计；蒸馏装置；1.00mL 吸量管；10.00mL 吸量管；25.00mL 移液管；50mL 容量瓶；250mL 容量瓶；250mL 蒸馏瓶；玻璃珠；比色皿。

四、实验方案设计

依据实验原理及现有仪器，设计实验方案、实验步骤，并对实验结果进行处理，得出结论。

实验6　土壤中二氧化硅含量的测定

一、实验目的

1. 掌握氟硅酸钾容量法测定二氧化硅的原理和方法。
2. 熟练掌握氟硅酸钾沉淀的生成、过滤、洗涤、水解和滴定等各步操作的重要条件和技术。
3. 熟练掌握滴定操作、称量操作、移液操作。

二、实验原理

试样经碱熔、水提、酸化后，在有足够氟化钾存在的强酸性溶液中，硅酸与氟离子定量生成氟硅酸钾沉淀。过滤洗涤后，除去游离酸，将沉淀置于沸水浴中水解，生成的氟化氢用氢氧化钠标准溶液滴定，由消耗的氢氧化钠量计算出二氧化硅的含量。

其反应式如下：

$$SiO_3^{2-} +6HF \Longrightarrow SiF_6^{2-} +3H_2O$$

$$SiF_6^{2-} +2K^+ \Longrightarrow K_2SiF_6\downarrow$$

$$K_2SiF_6 + 3H_2O \Longrightarrow H_2SiO_3 + 2KF + 4HF$$

$$HF + NaOH \Longrightarrow NaF + H_2O$$

样品中 SiO_2 质量分数的计算如下：

$$w_{SiO_2} = cV \times 0.15 \div G \times 100\%$$

式中　c——氢氧化钠标准溶液的浓度，mol/L；

　　　V——滴定时消耗氢氧化钠标准溶液的体积，mL；

　　　G——试样质量，g。

三、试剂和仪器

1. 试剂

200g/L 氟化钾水溶液（称取 40g 氟化钾于塑料烧杯中，加 150mL 水溶解后，加硝酸和盐酸各 25mL，并加入适量的氯化钾，使之饱和，放置半小时后，用塑料漏斗过滤，贮于塑料瓶中备用）；50g/L 氯化钾乙醇溶液（将 5g 氯化钾溶于 60mL 水中，再加入 40mL 95%乙醇）；5g/L 酚酞乙醇溶液；NaOH（s，AR）；邻苯二甲酸氢钾（s，AR）；氢氧化钾（s，AR）；

氯化钾（s，AR）；浓硝酸（密度 1.4g/mL，AR）。

2. 仪器

50mL 碱式滴定管；250mL 锥形瓶；250mL 塑料烧杯；10mL 吸量管；电子分析天平；称量瓶；马弗炉；镍坩埚；400mL 烧杯；滤纸；电烘箱；漏斗；电热套；电子台秤。

四、实验方案设计

依据实验原理及现有仪器，设计实验方案、实验步骤，并对实验结果进行处理，得出结论。

实验7　工业用尿素中铁含量的测定

一、实验目的

1. 掌握工业用尿素中铁含量的测定原理和方法。
2. 掌握样品的处理方法。
3. 熟练掌握称量操作、移液操作和容量瓶的使用。
4. 熟悉722型分光光度计的使用和注意事项。

二、实验原理

用抗坏血酸将试液中的三价铁离子还原为二价铁离子，在pH 2～9时，二价铁离子与邻二氮菲生成橙红色的络合物，在最大吸收波长510nm处，用分光光度计测定其吸光度。本实验选择在pH 4.74条件下生成络合物。

三、试剂和仪器

1. 试剂

0.100mg/L铁标准溶液（准确称取十二水硫酸铁铵0.8632g，置于200mL烧杯中，加入水100mL和浓硫酸10mL，溶解后全部转移到1000mL容量瓶中，用水定容到刻度，摇匀）；pH≈4.74乙酸-乙酸钠缓冲溶液（称取无水乙酸钠83g溶于水中，加60mL冰乙酸，稀释至1L）；抗坏血酸（20g/L水溶液）；邻二氮菲溶液（2g/L水溶液）；1∶1盐酸溶液；1∶1氨水溶液；浓硫酸（密度1.84g/mL，AR）；硫酸铁铵（s，AR）。

2. 仪器

分光光度计；50mL和100mL容量瓶；5mL和10mL吸量管；100mL烧杯；电子分析天平；称量瓶；擦镜纸；滤纸；1cm比色皿。

四、实验方案设计

依据实验原理及现有仪器，设计实验方案、实验步骤，并对实验结果进行数据处理，得出结论。

实验 8　钢中铬和锰含量的同时测定

一、实验目的

1. 掌握钢中铬和锰含量同时测定的方法。
2. 掌握混合物光度法同时测定技术。

二、实验原理

铬和锰都是钢中常见的有益元素，尤其在合金钢中应用比较广泛，铬和锰在钢中除以金属状态存在于固溶体中之外，还以碳化物（CrC_2、Cr_5C_2、Mn_3C）、硅化物（Cr_3Si、$MnSi$、$FeMnSi$）、氧化物（Cr_2O_3、MnO_2）、氮化物（CrN、Cr_2N）、硫化物（MnS）等形式存在。试样经酸溶解之后，生成 Mn^{2+} 和 Cr^{3+}，加入 H_3PO_4 以掩蔽 Fe^{3+} 的干扰。在酸性条件下，以 $AgNO_3$ 为催化剂，加入过量的 $(NH_4)_2S_2O_8$ 氧化剂，将 Cr^{3+}、Mn^{2+} 氧化成 $Cr_2O_7^{2-}$ 和 MnO_4^{-}。

$$2Cr^{3+}+3S_2O_8^{2-}+7H_2O \Longrightarrow Cr_2O_7^{2-}+6SO_4^{2-}+14H^{+}$$

$$2Mn^{2+}+5S_2O_8^{2-}+8H_2O \Longrightarrow 2MnO_4^{-}+10SO_4^{2-}+16H^{+}$$

在多组分体系中，如果各种吸光物质之间不相互作用，这时体系的总吸光度等于各组分吸光度之和，即吸光度具有加和性的特点。在 H_2SO_4 溶液中，$Cr_2O_7^{2-}$ 和 MnO_4^{-} 的吸收曲线有部分重叠，说明在用分光光度法测定时，两组分相互干扰。基于吸光度有加合性的原理，即在波长 440nm（$K_2Cr_2O_7$ 吸收曲线的 λ_{max} 处）和 530nm（$KMnO_4$ 吸收曲线的 λ_{max} 处）分别测试样品溶液的吸光度 A，可以得到下式：

$$A_{440}^{Cr+Mn}=A_{440}^{Cr}+A_{440}^{Mn}=\kappa_{440}^{Cr}bc_{\text{末}}^{Cr}+\kappa_{440}^{Mn}bc_{\text{末}}^{Mn}$$

$$A_{530}^{Cr+Mn}=A_{530}^{Cr}+A_{530}^{Mn}=\kappa_{530}^{Cr}bc_{\text{末}}^{Cr}+\kappa_{530}^{Mn}bc_{\text{末}}^{Mn}$$

将以上二式联立求解，则：

$$c_{\text{末}}^{Mn}=\frac{\kappa_{440}^{Cr}A_{530}^{Cr+Mn}-\kappa_{530}^{Cr}A_{440}^{Cr+Mn}}{\kappa_{440}^{Cr}\kappa_{530}^{Cr}-\kappa_{530}^{Cr}\kappa_{440}^{Mn}}$$

$$c_{\text{末}}^{Cr}=\frac{A_{440}^{Cr+Mn}-\kappa_{440}^{Mn}c_{\text{末}}^{Mn}}{\kappa_{440}^{Cr}}$$

式中，κ_{440}^{Cr}、κ_{530}^{Cr}、κ_{440}^{Mn} 及 κ_{530}^{Mn} 可由 $A=\kappa c$ 的关系式，由 $K_2Cr_2O_7$ 和 $KMnO_4$ 的吸收曲

线上查出波长 440nm 和 530nm 处的 A_{440}^{Cr}、A_{530}^{Cr}、A_{440}^{Mn}、A_{530}^{Mn}，再根据标准溶液的浓度计算出。

在计算出 $c_{末}^{Cr}$ 和 $c_{末}^{Mn}$ 之后，由下式计算铬和锰的质量分数：

$$w_{Cr} = \frac{M_{Cr} \times c_{末}^{Cr} \times V}{m \times 1000} \times 100\%$$

$$w_{Mn} = \frac{M_{Mn} \times c_{末}^{Mn} \times V}{m \times 1000} \times 100\%$$

式中　M——摩尔质量，g/moL；

　　　V——配制试液的总体积，L；

　　　m——试样质量，g。

三、试剂和仪器

1. 试剂

1.0mg/mL 铬标准溶液（准确称取 3.734g 预先在 105～110℃烘烤 1h 的铬酸钾，溶于适量水中，定量转移入 1000mL 容量瓶中，用水稀释至刻度，摇匀。必要时可进行校正：在硫酸-磷酸混合酸介质中，用二苯磺酸钠作指示剂，用硫酸亚铁铵标准溶液标定）；1.0mg/mL 锰标准溶液（准称 2.749g 在 400～500℃灼烧过的纯硫酸锰溶于适量水中，移入 1L 容量瓶中，稀释至刻度，摇匀）；0.5mol/L AgNO₃ 溶液（称取 8.5g 的硝酸银，先溶解于适量蒸馏水中，然后，定容至 1L 的棕色容量瓶中，摇匀即可。注意置于暗处保存）；磷酸-硫酸混合酸（磷酸：硫酸：水=15：15：70）；(NH₄)₂S₂O₈（s，AR）；KIO₄（s，AR）；浓 HNO₃(AR)；钢样。

2. 仪器

紫外-可见分光光度计（UV/VIS 916 型）；1cm 比色皿；100mL 容量瓶；25.00mL 移液管；10mL 量筒；烧杯。

四、实验方案设计

依据实验原理及现有仪器，设计实验方案、实验步骤，并对实验结果进行数据处理，得出结论。

实验 9 葡萄糖中一般杂质的检查

一、实验目的

1. 掌握药物的一般杂质检查原理与实验方法。
2. 掌握杂质限度实验的概念及计算方法。
3. 熟悉一般杂质检查项目与意义。

二、实验原理

葡萄糖，化学名为 D-(+)-吡喃葡萄糖一水合物。无色结晶或白色结晶性或颗粒性粉末；无臭，味甜。本品在水中易溶，在乙醇中微溶。葡萄糖注射液为葡萄糖无菌水溶液。含葡萄糖应为标示量的 95.0%～105.0%。

$$(C_6H_{12}O_6 \cdot H_2O, \ 198.17)$$

（一）鉴别

葡萄糖分子中具有醛基，可还原碱性酒石酸铜生成红色氧化亚铜沉淀。

$$C_6H_{12}O_6 + 2Cu^{2+} + 4OH^- = C_6H_{12}O_7 + Cu_2O\downarrow + 2H_2O$$

（二）杂质的检查

1. 杂质限量

即药物中杂质的最大允许量。

$$杂质限量 = \frac{杂质最大允许量}{供试品量} \times 100\%$$

$$= \frac{标准溶液的浓度 \times 标准溶液的体积}{供试品量} \times 100\%$$

或

$$L = \frac{c \times V}{s} \times 100\%$$

式中　c——标准溶液浓度；

　　　V——标准溶液体积；

s——供试品质量;

L——杂质限量。

2. 一般杂质的限量检查

（1）氯化物的限量检查　药物中的氯化物与硝酸银在酸性溶液中作用，生成氯化银微粒而显白色浑浊，同一定量的标准氯化钠溶液与硝酸银在同样条件下，用同法处理生成的氯化银浑浊程度相比较，判断药物中含氯化物的限量。

$$Cl^- + Ag^+ \longrightarrow AgCl\downarrow$$

（2）硫酸盐的限量检查　药物中微量硫酸盐与氯化钡在酸性溶液中作用，生成硫酸钡微粒而显白色浑浊，同一定量标准硫酸钾溶液与氯化钡在同样条件下，用同法处理生成的硫酸钡浑浊程度相比较，判断药物中含硫酸盐的限量。

$$SO_4^{2-} + Ba^{2+} \longrightarrow BaSO_4\downarrow$$

（3）铁盐的限量检查　药物中的三价铁盐（若含有 Fe^{2+}，加硝酸煮沸 5 分钟，可使 Fe^{2+} 氧化为 Fe^{3+}）与硫氰酸盐在硝酸酸性溶液中作用，生成硫氰酸铁配位离子而显红色，与一定量标准铁溶液与硫氰酸盐在相同条件下，用同法处理生成的硫氰酸铁配位离子溶液进行比色，判断药物中含铁盐的限量。

$$Fe^{3+} + 6SCN^- \longrightarrow [Fe(SCN)_6]^{3-}（红色）$$

（4）重金属的限量检查　重金属一般是指能与硫代乙酰胺或硫化钠在弱酸性（pH 3～3.5）溶液中，作用生成硫化物的金属杂质，如铜、银、铅、镉、汞、砷、锑、铋、锡、锌、钴、镍等。重金属不仅影响药物稳定性，而且容易在体内蓄积，造成慢性中毒，因此必须严格控制限量。

由于在弱酸性（pH 约 3.5）溶液中硫代乙酰胺水解，产生硫化氢，可与重金属离子作用，生成有色硫化物沉淀，与标准重金属溶液在同样条件下，按同法处理后进行比较。

$$CH_3CSNH_2 + H_2O \longrightarrow CH_3CONH_2 + H_2S\uparrow$$
$$Pb^{2+} + H_2S \longrightarrow PbS\downarrow + 2H^+$$

（三）含量的测定

1. 剩余碘量法

（1）葡萄糖为一醛糖，具有还原性。在碱性介质中，过量的标准碘溶液将葡萄糖氧化成葡萄糖酸。剩余碘量法即在酸性介质中用硫代硫酸钠回滴。反应式如下：

$$I_2 + 2NaOH \longrightarrow NaIO + NaI + H_2O$$

$$CH_2OH(CHOH)_4CHO + NaIO + NaOH \longrightarrow CH_2OH(CHOH)_4COONa + NaIO + H_2O$$
$$3NaIO \longrightarrow NaIO_3 + 2NaI$$

（2）过量的 I_2 一部分与氢氧化钠反应生成 NaIO，继而进一步氧化成 $NaIO_3$，一部分由于碱量不足仍以游离碘形式存在。加酸酸化后，又全部还原，以碘的形式存在。剩的碘液用酸中和后，用硫代硫酸钠标准液返滴定。

$$I_2 + 2NaOH \longrightarrow NaIO + NaI + H_2O$$

$$3NaIO \longrightarrow NaIO_3 + 2NaI$$

$$NaIO_3 + 5NaI + 3H_2SO_4 \longrightarrow 3I_2 + 3Na_2SO_4 + 3H_2O$$

（3）硫代硫酸钠回滴反应如下：

$$I_2 + 2Na_2S_2O_3 \longrightarrow NaI + Na_2S_4O_6$$

2. 旋光度法

药用葡萄糖是 D-葡萄糖，而 D-葡萄糖有 α、β 两种互变异构体，药用葡萄糖是这两种的混合物，两者的比旋度相差甚远，而在水溶液中两者逐渐达到互变平衡状态，一般加热、加酸或加弱碱可加速其平衡，上述加入氨液后摇匀放置就是让其变旋而达到平衡。

$$\alpha = [\alpha]_D^{20} \times \frac{L \times c}{100} \Rightarrow [\alpha]_D^{20} \times \frac{100 \times \alpha}{L \times c}$$

$$标示量 = \frac{[\alpha]_D^{20} \times 2.0852}{m} \times 100\%$$

式中，L 为旋光管长度，dm；c 为溶液浓度，g/100mL；α 为旋光度；$[\alpha]$ 为比旋度；m 为质量，g。

三、试剂和仪器

1. 试剂

葡萄糖原料药；酚酞指示液；0.02mol/L 氢氧化钠滴定液；浊度标准贮备液；浊度标准原液；1 号浊度标准液（学生临用时制备）；比色用重铬酸钾液；比色用硫酸铜液；比色用氯化钴液；90%乙醇；稀硝酸（取硝酸 105mL，加水稀释至 1000mL）；标准氯化钠溶液；0.1mol/L 硝酸银试液；0.05mol/L 碘试液；稀盐酸（取盐酸 234mL，加水稀释至 1000mL）；标准硫酸钾溶液；25%氯化钡溶液；磺基水杨酸溶液；硫酸；硝酸；盐酸；硫氰酸铵溶液标准铁溶液；标准铅溶液；醋酸盐缓冲液（pH 3.5）；稀焦糖溶液；硫代乙酰胺试液；溴化钾试液；标准砷溶液（每 1mL 相当于 1μg 的 As）；碘化钾试液；酸性氯化亚锡试液；锌粒；溴化汞试纸；醋酸铅；棉花。

2. 仪器

50mL 纳氏比色管；古蔡氏法测砷装置；电子天平；刻度吸管；碘量瓶，铂坩埚；瓷皿；比浊用玻璃管；水浴锅；回流冷凝管；伞棚灯；恒温减压干燥器；烘箱；马弗炉。

四、实验方案设计

依据实验原理及现有仪器，设计实验方案、实验步骤，并对实验结果进行数据处理，得出结论。

实验 10 维生素 AD 胶丸中维生素 A 的质量分析

一、实验目的

1. 熟悉胶丸制剂分析的方法和基本操作。
2. 掌握紫外三点校正法测定维生素A含量的原理和方法。

二、实验原理

1. 维生素 A 的结构与性质

维生素A醋酸酯　　$C_{22}H_{32}O_2$　　328.49

维生素AD胶丸系维生素A、维生素D_2、维生素D_3加鱼肝油或精炼食用植物油（在0℃左右脱去固体脂肪）溶解并调整浓度后制成。每丸含维生素A应为标示量的90.0%～120.0%。

2. 检测原理

三点校正法即先在三个波长处测定吸光度值，然后在规定的条件下，根据校正公式进行校正后，再进行计算。

维生素AD胶丸除含有全反式维生素A醋酸酯外，还含有少量对测定有影响的杂质，主要包括维生素A异构体、维生素A_2、维生素A_3、维生素A的氧化物、无生物活性的聚合物鲸醇及合成时产生的中间体，它们各具不同的光谱特征和生物效价。全反式维生素A醋酸酯在环己烷中最大吸收波长为328nm，而以上所述杂质的相关吸收在316～340nm波长范围内呈一条直线，且随波长的增大吸光度变小。为了得到准确的测定结果，根据物质对光吸收具有加和性的特点，采用三点校正法可消除这些杂质的干扰。

三、试剂和仪器

1. 试剂

维生素 AD 胶丸；环己烷；乙醚。

2. 仪器

紫外-可见分光光度计；注射器；刀片；烧杯；移液管。

四、实验方案设计

依据实验原理及现有仪器，设计实验方案、实验步骤，并对实验结果进行处理，得出结论。

实验 11　氯霉素眼药水的质量分析

一、实验目的

1. 掌握内标法测定组分含量的原理与操作方法。
2. 熟悉外标法在测定组分含量中的应用。
3. 了解氯霉素眼药水的含量测定方法。

二、实验原理

氯霉素又名氯胺苯醇，是一种具有抑制细菌生长作用的广谱抗生素，天然氯霉素是左旋体（也称左霉素）。合成品为白色或微黄色针状或片状晶体，无臭，味极苦，稍溶于水、乙醚和氯仿，易溶于甲醇、乙醇、丙酮或乙酸乙酯，不溶于苯和石油醚。在中性或弱酸性水溶液中较稳定，遇碱易失效。合成品是外消旋体，又称合霉素。合霉素是氯霉素左旋体与右旋体的混合物。因为右旋体无抗菌作用，所以合霉素的疗效只有天然品的一半。

氯霉素

1. 内标法

精密称取一定量的样品和内标物，制成适当溶液后进样分析，根据样品和内标物的重量及其相应的峰面积（或峰高），求出某组分的含量。原理如下：

根据物质的重量与其峰面积（或峰高）成正比，有 $W_i = f_i A_i$。

在绝对校正因子法（f_i）中：

$$\frac{W_i}{W_{内标}} = \frac{f_i A_i}{f_{内标} A_{内标}}$$

$$W_i = W_{内标} \frac{f_i A_i}{f_{内标} A_{内标}}$$

$$i组分\% = \frac{W_i}{W_样} \times 100\% = \frac{A_i}{A_{内标}} \times \frac{f_i}{f_{内标}} \times \frac{W_{内标}}{W_样} \times 100\%$$

在相对校正因子（$f_{i内标}$）法中：

$$f_{i内标} = \frac{f_i}{f_{内标}} = \frac{\dfrac{W_i}{A_i}}{\dfrac{W_{内标}}{A_{内标}}}$$

$$W_i = f_{i内标} \times \frac{W_{内标}}{A_{内标}} \times A_i$$

$$i组分\% = \frac{W_i}{W_样} \times 100\% = \frac{A_i}{A_{内标}} \times \frac{W_{内标}}{W_样} \times f_{i内标} \times 100\%$$

当峰形对称，峰窄时还可以用峰高代替峰面积来定量。

内标法可以消除仪器在操作或制备样本时带来的误差。

2. 外标法

又称校正法或定量进样法。该法要求能准确地定量进样。其方法是配制一系列已知浓度的标准溶液，在同一操作条件下，取相同量注入色谱仪，测量其峰面积（或峰高），作峰面积（或峰高）与浓度的标准曲线。然后在相同条件下，注入同量样品溶液，测量待测组分的峰面积（或峰高），根据标准曲线，计算样品中待测组分的浓度。

三、试剂和仪器

1. 试剂

对硝基苯酚；氯霉素；甲醇；氯霉素眼药水。

2. 仪器

容量瓶；移液管；高效液相色谱仪。

四、实验方案设计

依据实验原理及现有仪器，设计实验方案、实验步骤，并对实验结果进行处理，得出结论。

实验 12　六味地黄丸的质量分析

一、实验目的

1. 了解紫外-可见分光光度法和高效液相色谱法在测定中药制剂成分含量中的应用及其优缺点。

2. 了解六味地黄丸的组成、性质及其成分测定的方法。

3. 掌握中药制剂含量测定中检测对象的选择原则。

二、实验原理

1. 六味地黄丸处方

熟地黄 160g，酒萸肉 80g，牡丹皮 60g，山药 80g，茯苓 60g，泽泻 60g。《中国药典》（2020 年版）规定，每 1g 六味地黄丸中含牡丹皮以丹皮酚（$C_9H_{10}O_3$）计，不得少于 1.3mg（水丸）、1.05mg（水蜜丸）、0.70mg（小蜜丸）、6.3mg（大蜜丸）。每 1g 六味地黄丸中含酒萸肉以莫诺苷（$C_{17}H_{26}O_{11}$）和马钱苷（$C_{17}H_{26}O_{10}$）的总量计，不得少于 0.9mg（水丸）、0.75mg（水蜜丸）、0.50mg（小蜜丸）、4.5mg（大蜜丸）。

2. 测定原理

六味地黄颗粒由熟地黄、酒萸肉、牡丹皮、山药、茯苓、泽泻六味中药制成。其中牡丹皮、酒萸肉是其主要药味。牡丹皮的特征性成分丹皮酚具有抗炎、抗氧化、抗菌、抗病毒等多种药理作用，还能抑制血小板聚集，改善微循环，具有一定的镇静和镇痛作用。丹皮酚具挥发性，且在紫外光区有吸收，因此可以采用水蒸气蒸馏法提取，紫外-可见分光光度法测定含量，吸光系数法定量。马钱苷属环烯醚萜苷类，是酒萸肉中的主要药效成分之一，对非特异性免疫功能有增强作用，能促进巨噬细胞吞噬功能，延缓衰老，有良好的防癌防辐射功效和抗炎、抗菌作用。《中国药典》（2020年版）规定酒萸肉的质量须通过莫诺苷和马钱苷的总量进行控制，采用高效液相色谱法测定其含量。

三、试剂和仪器

1. 试剂

六味地黄丸（市售）；马钱苷（对照品，5g）；50%甲醇（取甲醇 63g 加水至 100mL 即得）；中性氧化铝（100～200 目）。

2. 仪器

紫外-可见分光光度计；水蒸气蒸馏装置；高效液相色谱仪；具塞锥形瓶；回流装置；容量瓶；移液管；研钵；柱层析色谱柱。

四、实验方案设计

依据实验原理及现有仪器，设计实验方案、实验步骤，并对实验结果进行处理，得出结论。

附录

一、常用酸碱溶液的密度和浓度

溶液名称	密度/（g/mL）	质量分数/%	浓度/(mol/L)
浓硫酸	1.84	95～96	18
浓盐酸	1.19	38	12
浓硝酸	1.40	65	14
冰醋酸	1.05	99～100	17.5
浓氢氟酸	1.13	40	23
浓氨水	0.91	25	13.5

二、常用基准物质及干燥条件

名称	化学式	分子量	使用前的干燥条件
碳酸钠	Na_2CO_3	105.99	270～300℃干燥 2～2.5h
邻苯二甲酸氢钾	$KHC_8H_4O_4$	204.22	110～120℃干燥 1～2h
重铬酸钾	$K_2Cr_2O_7$	294.18	研细，100～110℃干燥 3～4h
三氧化二砷	As_2O_3	197.84	105℃干燥 3～4h
草酸钠	$Na_2C_2O_4$	134.00	130～140℃干燥 1～1.5h
碘酸钾	KIO_3	214.00	120～140℃干燥 1.5～2h
溴酸钾	$KBrO_3$	167.00	120～140℃干燥 1.5～2h
铜	Cu	63.546	用 2%乙酸、水、乙醇依次洗涤后，放干燥器中保存 24h 以上
锌	Zn	65.38	用 1：3 HCl、水、乙醇依次洗涤后，放干燥器中保存 24h 以上
氧化锌	ZnO	81.39	800～900℃干燥 2～3h

三、常用指示剂的配制

（一）酸碱指示剂的配制（18～25℃）

指示剂名称	变色 pH 范围	颜色变化	溶液配制方法
甲基紫（第一变色范围）	0.13～0.5	黄～绿	1g/L 或 0.5g/L 的水溶液
甲酚红（第一变色范围）	0.2～1.8	红～黄	0.04g 指示剂溶于 100mL 50%乙醇

指示剂名称	变色pH范围	颜色变化	溶液配制方法
甲基紫（第二变色范围）	1.0～1.5	绿～蓝	1g/L 水溶液
百里酚蓝（第一变色范围）	1.2～2.8	红～黄	1g 指示剂溶于100mL 20%乙醇
甲基紫（第三变色范围）	2.0～3.0	蓝～紫	1g/L 水溶液
甲基橙	3.1～4.4	红～黄	1g/L 水溶液
溴酚蓝	3.0～4.6	黄～蓝	1g 指示剂溶于100mL 20%乙醇
刚果红	3.0～5.2	蓝紫～红	1g/L 水溶液
溴甲酚绿	3.8～5.4	黄～蓝	0.1g 指示剂溶于100mL 20%乙醇
甲基红	4.4～6.2	红～黄	0.1g 或0.2g 指示剂溶于100mL 60%乙醇
溴酚红	5.0～6.8	黄～红	0.1g 或0.04g 指示剂溶于100mL 20%乙醇
溴百里酚蓝	6.0～7.6	黄～蓝	0.05g 指示剂溶于100mL 20%乙醇
中性红	6.8～8.0	红～亮黄	0.1g 指示剂溶于100mL 60%乙醇
酚红	6.8～8.0	黄～红	0.1g 指示剂溶于100mL 20%乙醇
甲酚红	7.2～8.8	亮黄～紫红	0.1g 指示剂溶于100mL 50%乙醇
百里酚蓝（麝香草酚蓝）（第二变色范围）	8.0～9.0	黄～蓝	参看第一变色范围
酚酞	8.0～9.6	无色～紫红	0.1g 指示剂溶于100mL 60%乙醇
百里酚酞	9.4～10.6	无色～蓝	0.1g 指示剂溶于100mL 90%乙醇

（二）酸碱混合指示剂

指示剂溶液组成	变色点pH	颜色		备注
		酸色	碱色	
三份 1g/L 甲基红酒精溶液	5.1	酒红	绿	
一份 2g/L 甲基红酒精溶液 一份 1g/L 次甲基蓝酒精溶液	5.4	红紫	绿	pH 5.2 红绿 pH 5.4 暗绿 pH 5.6 绿
一份 1g/L 溴甲酚绿酒精溶液 一份 1g/L 氯酚红钠盐水溶液	6.1	黄绿	蓝紫	pH 5.4 蓝绿 pH 5.8 蓝 pH 6.2 蓝紫
一份 1g/L 中性红酒精溶液 一份 1g/L 次甲基蓝酒精溶液	7.0	蓝紫	绿	pH 7.0 蓝紫
一份 1g/L 溴百里酚蓝钠盐水溶液 一份 1g/L 酚红钠盐水溶液	7.5	黄	绿	pH 7.2 暗绿 pH 7.4 淡紫 pH 7.6 深紫
一份 1g/L 甲酚红钠盐水溶液 三份 1g/L 百里酚蓝钠盐水溶液	8.3	黄	紫	pH 8.2 玫瑰色 pH 8.4 紫色

（三）金属离子指示剂

指示剂名称	解离平衡和颜色变化	溶液配制方法
铬黑 T（EBT）	$pK_{a2}=6.3$　$pK_{a3}=11.55$ $H_2In^- \rightleftharpoons HIn^{2-} \rightleftharpoons In^{3-}$	5g/L 水溶液
二甲酚橙（XO）	$pK_a=6.3$ $H_3In^{4-} \rightleftharpoons H_2In^{5-}$	2g/L 水溶液
K-B 指示剂	$pK_{a1}=9.4$　$pK_{a2}=13$ $H_2In \rightleftharpoons HIn^- \rightleftharpoons In^{2-}$ 红　　　蓝　　　紫红	0.2g 酸性铬蓝 K 与 0.4g 萘酚绿 B 溶于 100mL 水中
钙指示剂	$pK_{a3}=9.4$　$pK_{a4}=13\sim14$ $H_2In^{2-} \rightleftharpoons HIn^{3-} \rightleftharpoons In^{4-}$ 酒红　　　蓝　　　酒红	1g 指示剂与 100g NaCl 研细混匀
Cu-PAN（CuY-PAN 溶液）	$CuY+PAN+M \rightleftharpoons MY+Cu\text{-}PAN$ 绿　　　　　　红	将 0.05mol/L Cu²⁺溶液 10mL，加 pH 5～6 的 HAc 缓冲液 5mL，1 滴 PAN 指示剂（1g/L 乙醇溶液），加热至 60℃左右，用 EDTA 滴至绿色，得到约 0.025mol/L 的 CuY 溶液。使用时取 2～3mL 于试管中，再加数滴 PAN 溶液
磺基水杨酸	$pK_{a2}=2.7$　$pK_{a3}=13.1$ $H_2In \rightleftharpoons HIn^- \rightleftharpoons In^{2-}$ 无色	10g/L 水溶液
钙镁试剂	$pK_{a2}=8.1$　$pK_{a3}=12.4$ $H_2In \rightleftharpoons HIn^{2-} \rightleftharpoons In^{3-}$ 红　　　蓝　　　红橙	5g/L 水溶液

（四）氧化还原指示剂

指示剂名称	$E^{\ominus\prime}/V$ $[H^+]=1mol/L$	颜色变化		溶液配制方法
		氧化态	还原态	
二苯胺	0.76	紫	无色	10g/L H₂SO₄ 溶液
二苯胺磺酸钠	0.85	紫红	无色	5g/L 水溶液
N-邻苯氨基苯甲酸	1.08	紫红	无色	0.1g 指示剂加 20mL 50g/L Na₂CO₃ 溶液，用水稀释至 100mL
邻二氮菲-Fe（Ⅱ）	1.06	浅蓝	红	1.485g 邻二氮菲加 0.965g FeSO₄，溶解，稀释至 100mL（0.025mol/L 水溶液）
5-硝基邻二氮菲-Fe（Ⅱ）	1.25	浅蓝	紫红	1.608g 5-硝基邻二氮菲加 0.695g FeSO₄，溶解，稀释至 100mL（0.025mol/L 水溶液）

四、常用缓冲溶液的配制

缓冲溶液组成	pK_a	缓冲液 pH	缓冲溶液配制方法
氨基乙酸-HCl	2.35 (pK_{a1})	2.3	取氨基乙酸 150g 溶于 500mL 水中后,加浓 HCl 80mL,加水稀释至 1L
H$_3$PO$_4$-柠檬酸盐		2.5	取 Na$_2$HPO$_4$·12H$_2$O 113g 溶于 200mL 水后,加柠檬酸 387g,溶解,过滤后,稀释至 1L
一氯乙酸-NaOH	2.86	2.8	取 200g 一氯乙酸溶于 200mL 水中,加 NaOH 40g,溶解后,稀释至 1L
邻苯二甲酸氢钾-HCl	2.95 (pK_{a1})	2.9	取 500g 邻苯二甲酸氢钾溶于 500mL 水中后,加浓 HCl 80mL,加水稀释至 1L
甲酸-NaOH	3.76	3.7	取 95g 甲酸和 NaOH 40g 溶于 500mL 水中,溶解,加水稀释至 1L
NaAc-HAc	4.74	4.7	取无水 NaAc 83g 溶于水中后,加冰 HAc 60mL,稀释至 1L
六亚甲基四胺-HCl	5.15	5.4	取六亚甲基四胺 40g 溶于 200mL 水中,加浓 HCl 10mL,稀释至 1L
Tris-HCl[三羟甲基氨甲烷 CNH$_2$(HOCH$_3$)$_3$]	8.21	8.2	取 25g Tris 试剂溶于水中,加浓 HCl 8mL,稀释至 1L
NH$_3$-NH$_4$Cl	9.26	9.2	取 NH$_4$Cl 54g 溶于水中,加浓氨水 63mL,稀释至 1L

参考文献

[1] 华中师范大学，东北师范大学，陕西师范大学，等. 分析化学实验. 5 版. 北京：高等教育出版社，2024.

[2] 武汉大学. 分析化学实验.上册. 6 版. 北京：高等教育出版社，2021.

[3] 邓海山，张建会. 分析化学实验. 2 版. 武汉：华中科技大学出版社，2019.

[4] 唐意红，张素霞. 分析化学实验. 上海：上海交通大学出版社，2022.

[5] 国家药典委员会. 中华人民共和国药典. 2020 版. 北京：中国医药科技出版社，2010.

[6] 董钰明. 药物分析实验与指导. 兰州：兰州大学出版社，2022.

[7] 彭红，吴虹. 药物分析实验. 2 版. 北京：中国医药科技出版社，2018.

[8] 张燮. 工业分析化学实验. 北京：化学工业出版社，2007.

[9] 王启军. 食品分析实验. 2 版. 北京：化学工业出版社，2011.